新版 生命保険は「入るほど損」?!

Is Life Insurance "a Waste of Money"?

後田 亨
Toru Ushiroda

日本経済新聞出版

まえがき

「これって、何かに似ている……生命保険の販売手法だ」

「振り込め詐欺」の手口を紹介しているニュースを見て感じました。

犯罪と金融庁の認可を受けた商品の売買という違いは明白です。とはいえ、不安喚起情報を用いて、人にお金を使わせる流れは同じだと思ったのです。冷静な判断が難しい点も似ているでしょう。

実際、保険販売に携わる人たちの中には、合法的な業務を行いながら、罪悪感や自責の念に苛まれている人がいます。以下は、近年、私が金融関連のイベントなどでお会いした方たちの言葉です。

「お客様には、手数料が高くて、ひどい商品をすすめていたのだなと、申し訳ないやら、恥ずかしいやら……です」（元銀行員）

「他社にもっと安い、いい保険があると知っています。お客様に余計な損をさせるのが仕事なのかと悩んでいます」（大手生保営業職員）

「全般に保険料が高過ぎます。貯蓄商品以外、ほとんど半額くらいにできると思っています」（国内生保内勤職員）

私が保険の商品や販売手法を疑問視していることをご存じなので、こうした発言が出るのだと思います。

「大半の保険は『演出』の力で売られています。本当に必要な保険は、あなた（筆者）が言うとおり、一定期間の死亡保険くらいでしょう。自分の半生を振り返ると複雑です」と語る商品設計の専門家もいるのです。

たしかに、不測の事態を強く印象づける演出、実話を含むストーリーなどから離れ、お金の流れだけを見ると、保険の評価は一変します。

本書で詳述していますが、保障目的の商品などは「専用口座に1万円入金すると、3000～7000円もの手数料が引かれる仕組み」に見えてくるからです。「利用しないほどいいに決まっている」のです。

1995年、私はアパレルメーカーから日本生命に転職しました。研修所では「保険は相互扶助」と教えられ、「なるほど素晴らしい仕組みだ」と感じました。ところが、営業部は別世界でした。

本部から視察に来た人は「うちは販売会社」と断言し、営業部長は、難解で高額な保険が売れる状況を「よくわかっていない奴（営業職員）が、もっとわかっていない奴（お客様）に売る。面白いだろう？」と笑っていたのです。

それでも約10年、営業職を続けたのは、会社の看板を借りた個人事業と呼べそうな業態が、経理や総務部門で過ごした会社員生活より自分には合っていたからです。

2004年に十数社の保険を扱う代理店に移ったのは、保険料が高い大手の商品だけを扱っていてはマズいと思ったからです。ただし「選択肢が広がった」と喜んだのもつかの間でした。投資信託に興味を持ったことから、投信より一桁大きい保険の販売手数料が「暴利」に見えてきたのです。

その後独立できたのは、営業先で知り合った方とのご縁で、2007年に保険業界への疑問をぶつけた自著を上梓する機会に恵まれ、2011年ごろから執筆や講演と有料相談業務で生計を立てられるようになったからです。

同時期に保険販売に関わる仕事をやめたのは、商品設計の専門家の知見なども得られるようになり、「売りたい保険」がほとんどなくなってしまったからです。どこまでも「顧客本位でありたい」と考えていたのではなく、「保険会社には貢献したくない」という消去法でした。

今も昔も「保険のCMを見ない日はない」「全国の一等地に保険会社のビルがある」「何千万も稼ぐセールスの人がいるらしい」といった理由で、「(保険に入るのは)かなり損なのではないか?」と疑っている人は珍しくありません。

それにしては「客の損が大きそうだから、保険には入らない」と言う人が少ないのは、保険の対象が「起こってほしくない事態」だからでしょう。「何かあったらどうする?」と自問すると、不安が勝ってしまうのだと思います。

保険会社の高収益や営業担当者の高収入を想像する人たちの発言に、成功しているビジネスモデルや関係者への敬意が感じられないのは、保険の商品やサービスについて、心の底では納得していないからだと思うのです。

本書は、「保険は入るほど損なのか、本当のところを知りたい」人に向けて、6年前に刊行し、読者の皆様や関係各位のおかげで版を重ねてきた本の新版です。

商品関連情報その他、大部分を書き直しています。ただし、残念なことに、結論は前回と同じです。加入者全体で見ると、保障目的の保険は「ギャンブルより損が出やすい」仕組みであり、貯蓄商品も「会社側の取り分が大きく、お金が増えにくい」構造のままなのです。

このように断言するのは、原稿を書く際、複数の商品設計の専門家に協力していただけたからです。

一般の人たちの関心が高い「医療保険」や「がん保険」については、1章と2章をお読みください。「お客様の生涯に寄り添う」のはやめてほしい、「大胆な課金システム」に見えてくるかもしれません。

保険の損得勘定を試算すると、「保険会社の経費や利益の分、加入者全体でマイナスになるのはわかりきったこと。その類の計算には意味がない。マイナスが嫌なら、保険に入らなければいい」と言う人もいます。

私も、保険に限らず、あらゆる商取引において、販売側の経費が賄われ利益が残るのは、必要不可欠なことと認識しています。また、世の中には金銭に換算できない価値がある商品やサービスもあると思っています。

それでも、先に紹介したような、保険料の妥当性を疑問視する人たちの証言もあるのです。検証する意味はあるのではないでしょうか。

保険会社の人たちの知見は、3章以降、「貯蓄性がある保険」の損得や、都道府県民共済との比較から保険会社の経費の使い方について考える際にも、おおいに役に立ちました。

これらの章をまとめながら、あらためて感じたのは、保険は「お金を失いやすい仕組み」なので、最小限の利用にとどめるほうが良いということです。

ところが、保険会社が推奨するのは、死亡・医療・がん・介護・老後資金準備等、さまざまな目的別に、より広範囲の保障をより長く確保することです。消費者との「利益相反」を考えさせられます。

そこで本書では、広告やキャッチコピーに惑わされない方法や、対面販売での営業術についても言及しています。簡単なチェックポイントを知ると、不安喚起情報の数々が、突っ込みどころ満載の「ネタ」に見えてくるはずです。

また、不安喚起といえば、「老後資金」の問題も、一般論より「個人のナマの数字」のほうが断然わかりやすいと考え、60代を迎えた私自身の年金受給額をもとに、文字どおり、現実的な対処法を記しています。

さらに、新規加入や見直し法から、少ないながらも検討に値する保険、ストレスがかからない解約の仕方まで、消費者の「よくある質問」に対応した章も用意しました。

その結果、当初の目的ではなかったものの、本書に家計の負担を確実に軽減（適正化）できる実用書的な一面を持たせることもできたと思います。

近年は、長寿化が進む中、「介護」や「認知症」に備える新たな保険も続々と登場していますが、保険に精通している保険会社の人たちは、目新しい保険に加入しているわけではありません。

彼らが愛用しているのは、期間限定の保障を個人向け商品よりずっと安く持てる「団体保険」です。一生涯の保障がある保険を目的別に使い分けるのではなく、おそらく「加入者の損が最も少ない保険」を限定的に利用しているのです。

言行不一致の裏にあるのは、「大人の事情」です。「自分は損しているのではないか？」という、あなたの疑問は正しいのです。ぜひ、最後までお付き合いください。

＊本書に引用しているデータ等は2021年3月1日現在のものです。

目次

第2章

「がん保険」の損得

第5章

セールストーク、キャッチコピーの突っ込みどころ——127

第6章 「おいしい客」になっていませんか?　149

第7章 「老後不安」にどう備える?　171

終章

序章

「保険の基本」

不安を喚起する広告、心に刺さる体験談など、保険関連の情報は錯綜《さくそう》しています。

大切なのは「そもそも、保険とは何のためにあるのか、どのような仕組みなのか」を理解することです。幸い、時代は変わっても保険の本質は変わりません。

序章では、Q＆A形式で、保険会社が流布する「通説」とはまったく違う、消費者の損得に焦点を合わせた「保険の基本」をお伝えします。

Q 保険って何ですか？

A 保険は「お金を用意する手段」です。

たとえば「医療保険」に入っておくと、入院時などにお金が支払われます。「個人年金保険」に加入しておくと、所定の年齢に達した後、お金が支払われます。

したがって、保険は「お金を用意する手段」の1つであると認識すればいいはずです。

図表1　一般的な説明図

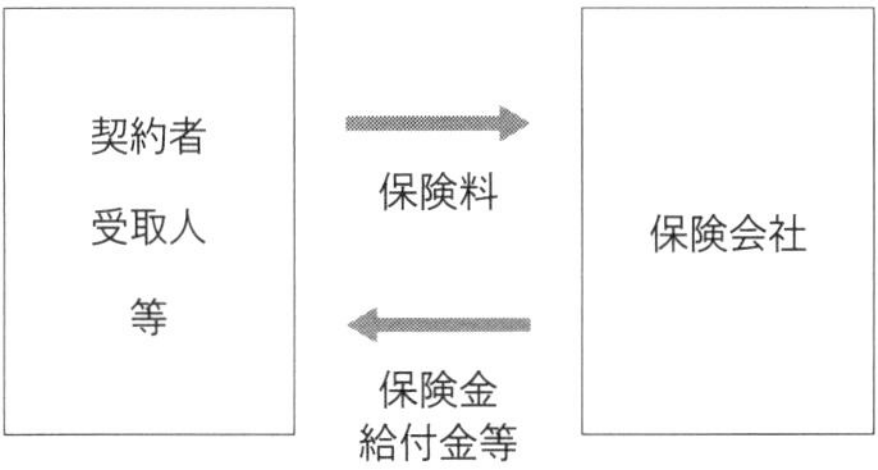

Q 保険はどんな仕組みになっていますか？

A 「お金を失いやすい仕組み」になっています。

公益財団法人「生命保険文化センター」のホームページでは、

生命保険は、大勢の加入者があらかじめ公平に保険料を負担しあい、「もしも」のことが現実に起きたときに給付を受ける仕組みです。

と説明されています。一人ひとりが負担する保険料は少額でも、多くの加入者が集まると、たとえば誰かに万が一のことがあった場合、個人では用意できない額のお金を遺族に渡すことができるのです。これは、掛け値なしに素晴らしい仕組みだと思います（図表1）。

図表2　お金の流れ（イメージ図）

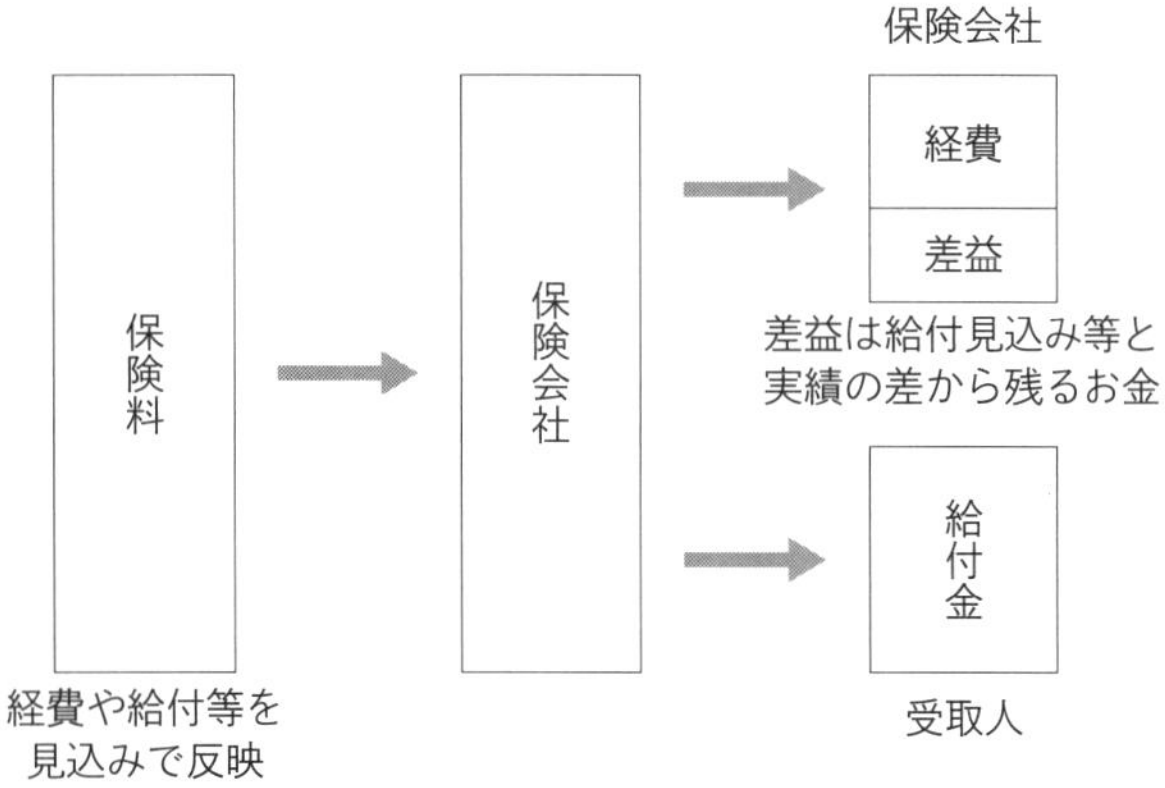

ただし、注意したいこともあります。保険会社の経費を保険料で賄い、各種の給付金を支払った後、保険会社にお金が残る限り（図表2）、

保険料　＞　（死亡保険金や入院給付金として）
加入者に還元されるお金

であり、加入者全体で見た収支は、必ずマイナスになります。つまり、保険は「お金を失いやすい仕組み」なのです。したがって、ありとあらゆる事態に保険で備えようとすると、家計は傷みやすくなるのです。

Q 何かあったとき、保険が役に立つように、保険会社が経費を使い利益が出るようにするのは、当然ではないでしょうか？

A そのとおりです。私も、しっかり利益が出る仕組みであってほしいと思います。しかし、「専用口座に1万円入金した場合、4000円超の手数料が引かれる」としたら、どうでしょうか？

インターネットで保険を販売しているライフネット生命のホームページでは、同社が選ばれる理由の1つに「必要な備えを、手頃な保険料で届けている」ことが挙げられています。「同じ商品を買うとしたら、店舗よりインターネットで買う方が安くなる場合があります。保険も同じです。パソコンやスマートフォンでお申し込みができるようにしたら、人や店舗にかかる経費を抑えることができました」という記述には、「確かにそうかもしれない」と感じます。

しかし、同社の「決算説明資料」を見ると驚きます。2019年度の売上高から売上原価を差し引いた後の利益率は45％と発表されているからです。

あくまで単年度の数字なので「これまでも、これからも、保険料のうち保険金・給付金等の支払いに充てられるお金は55％に過ぎない」とみることはできません。とはいえ、「保険会社の取り分」について考えさせられる数字ではあると思います。

同社は「付加保険料」と呼ばれる「保険料に見込みで含まれる経費」を例示していて、保険料に占める割合はおおむね20～30％台です。

また、保険料には、将来支払うことになる保険金・給付金の見込みも反映されています。商品設計の専門家によると、見込みを上回る給付が発生することもあるそうですが、通常、保険会社の健全な経営のため、会社側に余裕がある料金設定になっているので、見込みと実績の間で「差益」が発生します。

同社の場合、この差益が、例年、保険料収入の20％程度発生しているので、利益率45％といった結果にもなるのでしょう。

繰り返しになりますが、単年度の数字なので、今後、変わる可能性もあります。それでも、消費者は「専用口座に1万円入金すると4500円の手数料が引かれるのか？妥当なのか？」といった疑問を持ったほうがよいと感じますがいかがでしょうか？

Q でも何かあった時のことを思えば「入っておくと安心」なのでは？

A そう思いたいところですが、「入るほど損」が原則です。

たしかに保険は、有事の際、役に立ちます。その利点を預貯金との比較で示す例も、複数の保険会社のサイトで確認できます。図表3をご覧下さい。

預貯金でお金を積み立て「不測の事態」に備えると、今日・明日何かあった場合にはお金が足りないことも考えられます。その点、保険は、加入時から必要なお金が用意できている状態が続くので安心、というわけです。「貯金は三角、保険は四角」と言われることもあります。

しかし、これも現実的な説明とは言えません。保険でお金が支払われるのは「何かあった時」ですから、「保険は、四角になることもあるが、ならないことのほうが多い。そうでなければ保険会社が破綻する」と説明するほうが正しいはずです。つまり、図を用いて預貯金と比べる場合は「保険が役に立つ確率」を反映させなければならないのです。

一定期間の万が一に備えるための「死亡保険」で試算してみましょう。大手生保のホームページにある加入例です。30歳男性が向こう15年間1000万円の死亡保障を持つ場合、保

図表3　保険と預貯金の比較

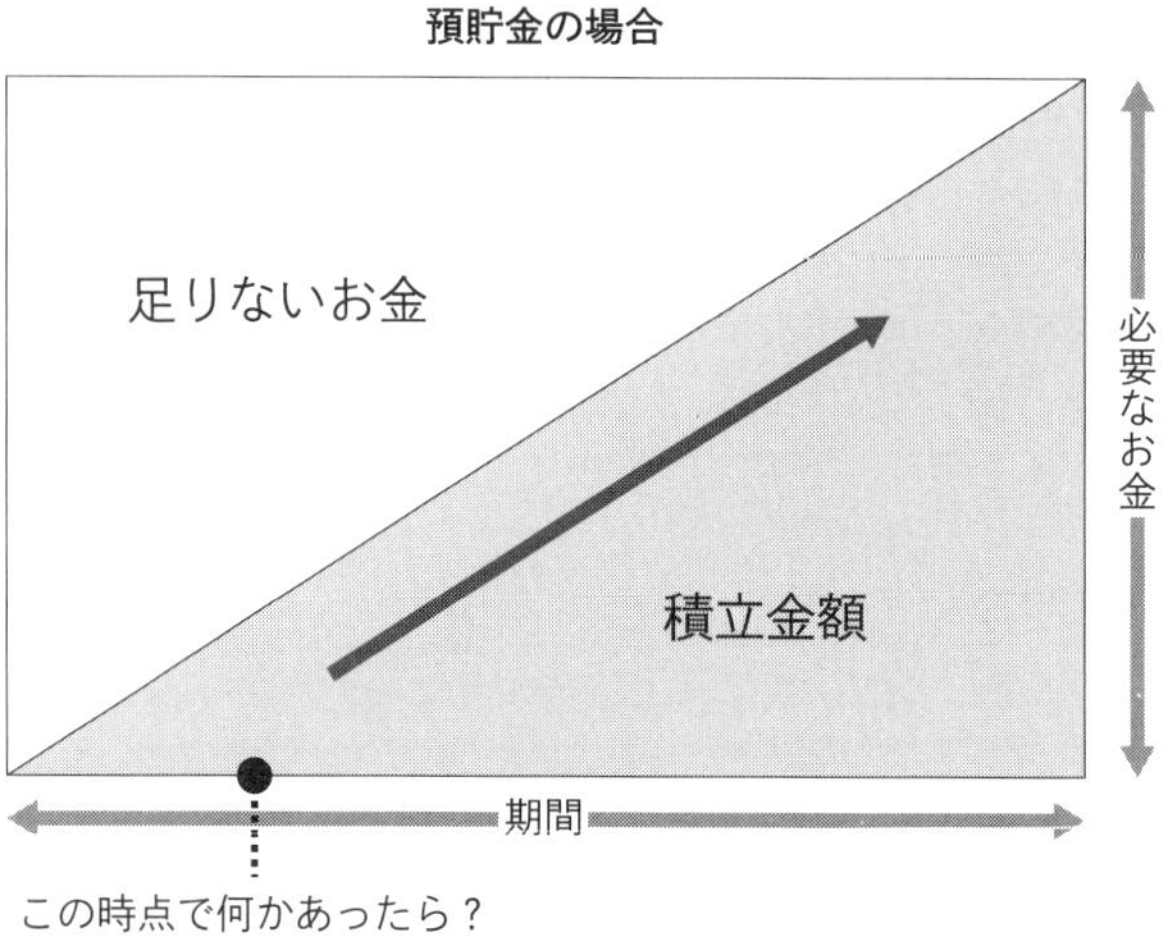

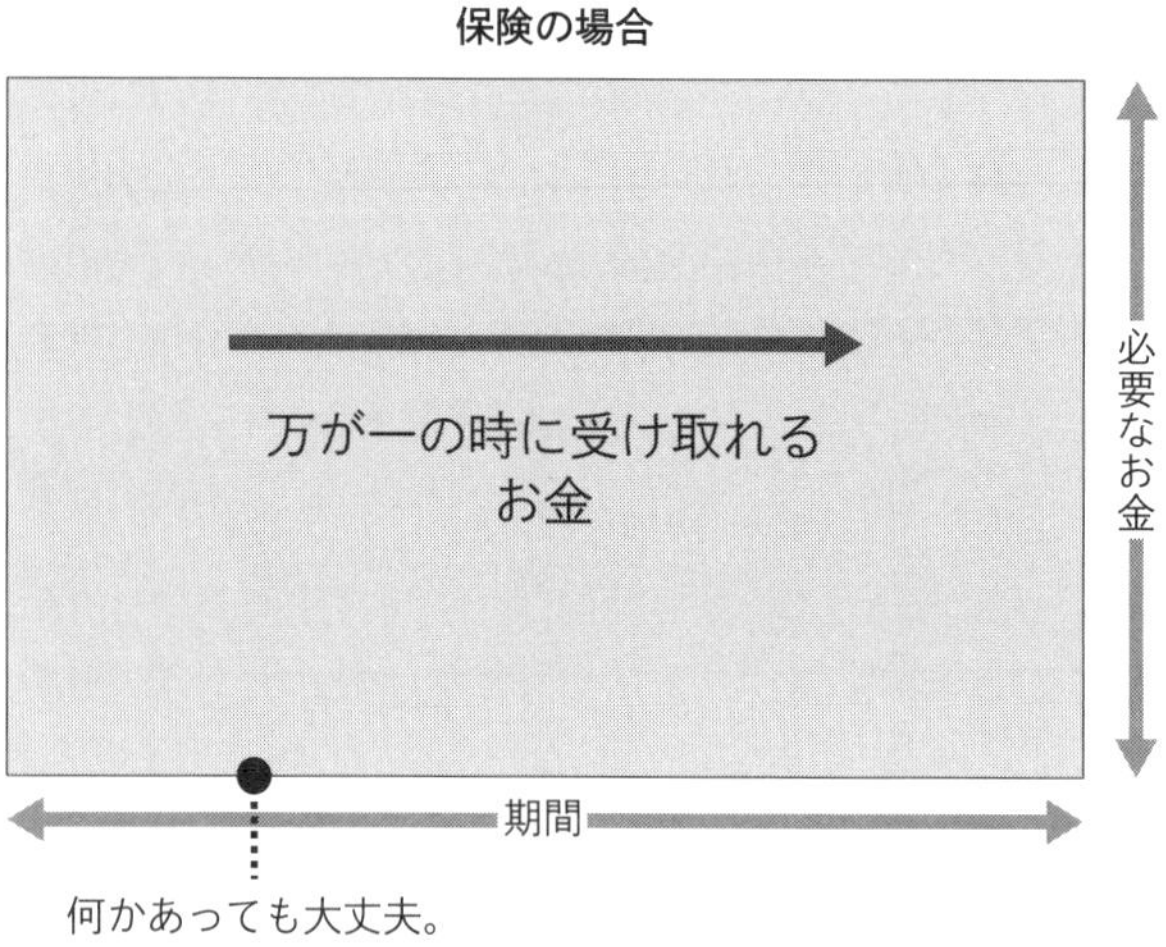

図表4　「保険が役に立つ確率」を反映させると……

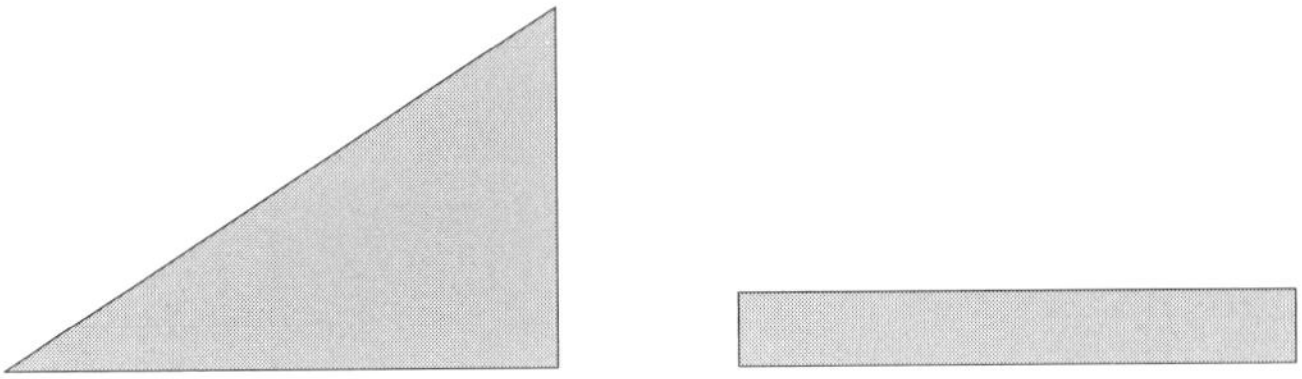

「毎月2500円を15年貯金：45万円」　「15年間で見込める保険金：13万円」

険料は月々約２５００円です。毎月２５００円をゼロ金利で預金した場合、15年後の積立額は45万円です。

一方、厚生労働省の第22回生命表で計算すると、30歳男性が向こう15年間に亡くなる確率は、約１・３％です。そのため１０００万円の保険から見込める保険金額は１０００万円×０・０１３で、約13万円です。図示すると、四角の縦の辺は三角の３分の１未満にとどまるわけです（図表４）。

相対的に保険料が安いインターネットで加入できる商品で試算しても、四角の高さは半分を少し超える程度です。あらためて、保険は、加入者側から見ると「かなり損が出やすい手段」だと感じます。お金を大事にしたい人は、必要最小限の利用にとどめるほうが良いはずなのです。

Q **ここまでの話は理解しました。ただ、「お金が戻ってくる保険」もありますよね。「掛け捨ては損」と言う人もいます。このあたり、まだモヤモヤしています。どのように整理したらいいのでしょうか？**

A 保険は「掛け捨て」が基本です。「戻ってくるお金」にこだわると、より損が膨らむ仕組みです。

保険の長所は、まとまっていないお金（保険料）でまとまったお金（死亡保険金や入院給付金）を用意できることに尽きます。

たとえば、数万円の保険料しか払っていない時点でも、万が一の際、数千万円の保険金が給付されるのは、他の加入者が支払っている保険料が給付に使われるからです。

つまり、それぞれの加入者は、自分や家族のために保険を利用するつもりでも、実際には見ず知らずの加入者同士の「助け合い」に参加することになるのです。

一定期間の保障がある保険で、無事に満期を迎えた人に払い戻しされるお金がないのは、保険会社の運営費や利益等を除いた保険料が、不測の事態に遭遇した人を助けるために使われるからなのです。

このような仕組みを「掛け捨て」と呼び、好まない人もいます。保険料が1円も戻ってこないことに、文字どおり、お金を捨てたような感覚が残るのでしょう。

しかし、複数の保険会社で商品設計に関わってきた人はこう断言します。「損か得かでいえば、ズバリ『掛け捨ては得』ですよ」――。

保険ならではの保障機能は、掛け捨てになるお金で維持されるのだから、その「効用」を正しく評価すべき、ということなのです。

Q 「掛け捨て＝助け合い」であることはわかりました。「貯蓄・資産形成ができる保険」については、どのように考えたらよいのでしょうか？

A そもそも、保険で、貯蓄・資産形成を考える必要はありません。

繰り返しになりますが、保険の良いところは、保険料が「掛け捨て」になる仕組み（助け合いの仕組み）で支えられていることです。

これに対し、貯蓄は、自分で積み立てたお金が、後日、自分の役に立つという仕組みです。加入者同士が助け合う相互扶助というより「自助努力」であり、保険の仕組みを必要としません。本来、違う性質のものなのです。

また、基本的に保険会社は、保険料を長期の債券などで運用しています。したがって、貯蓄商品については「保険会社経由で債券などを買うと手数料が高いので、別の方法を検討する」ほうが良い、と認識しましょう。

Q 「保障と貯蓄を兼ねる」と案内される保険についてはどのように考えたらいいですか？

A より「損が大きくなる」と理解して下さい。

保険金500万円、20年満期の「養老保険」で説明します。

1　加入後20年間、万が一のことがあった場合、500万円が支払われる

2　何事もなく20年後に満期を迎えると、500万円の満期金が支払われる

わけですが、一般的な仕組みは次のようなものです（図表5）。

図表5　保障と貯蓄をかねる保険の例

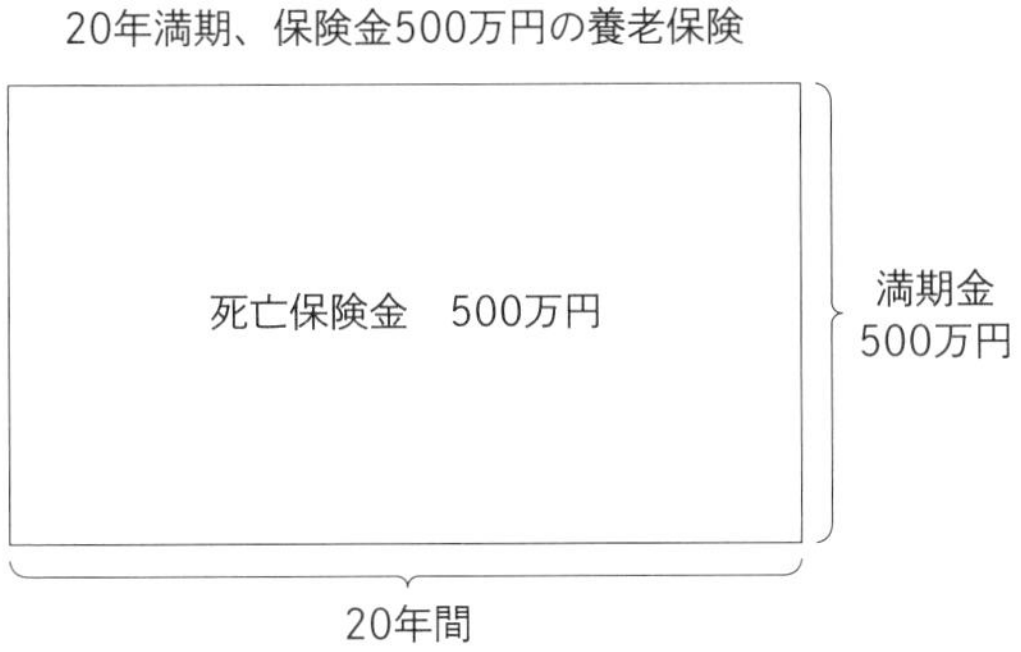

営業担当者からこのような図を提示され「満期の楽しみと保障を兼ね備えた保険です」といった説明をされると「お得かも？」と感じる人もいるかもしれません。

しかし、「加入者が得する保険＝保険会社が損する保険」です。そんなものがあったら、すぐに販売中止になるはずです。

そもそも商品の説明図が不親切なのです。養老保険は単純化すると、図表6のような仕組みです（一生涯の死亡保障があり、老後などに解約するとまとまったお金が払い戻しされる「終身保険」も仕組みは同じなので、「終身保険＝満期が１００歳超の養老保険」と理解してください）。

左側の三角は、５００万円の死亡保険金を支払うための保障部分です。右側の三角は、20年後の満期金支払いに備え、保険料の相当額を積んでいく積立部分で

図表6　養老保険の構造

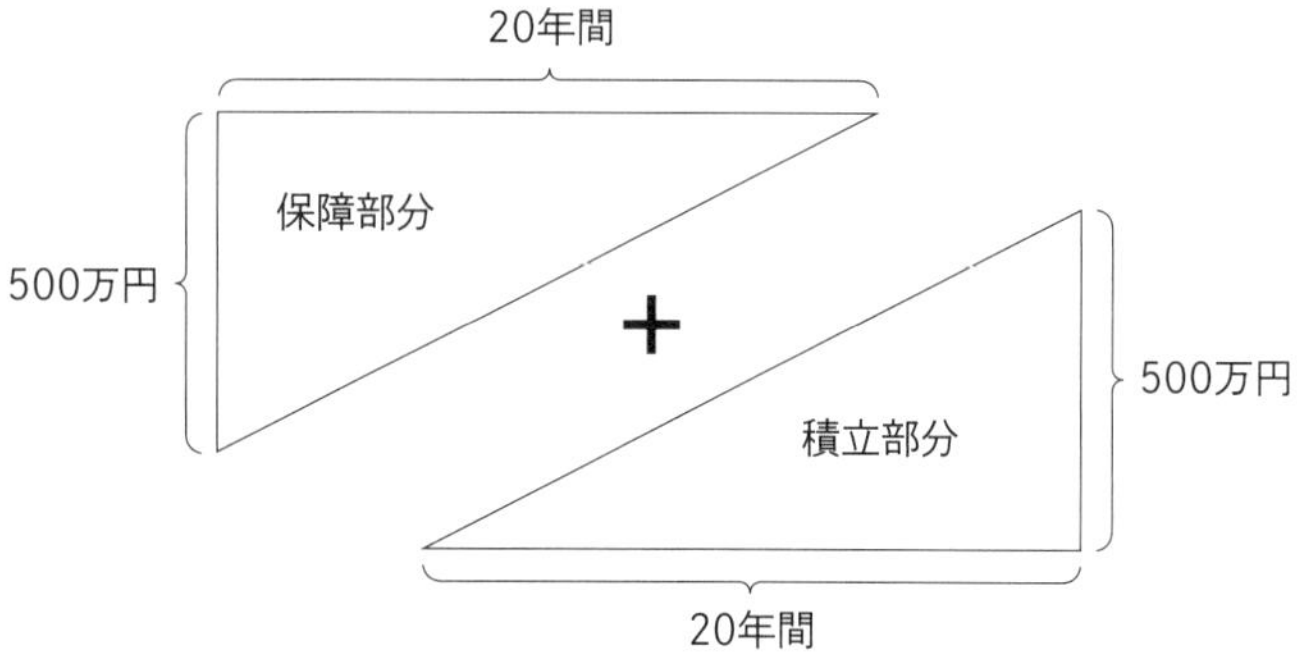

す。

保障部分が次第に小さくなっているのは、有事の際は、積立部分に貯まっているお金も死亡保険金の支払いに充てられるからです。

満期まで持てば満期金があり、中途解約時には積立部分のお金が払い戻しされることから「掛け捨てにならない」と評価する向きもありますが、保障部分は「掛け捨て」です。

また「積み立て」というと、通常、グラフの原点から右肩上がりでお金が増えるイメージですが、保険の場合、営業担当者や代理店に支払われる販売手数料が高いので、図表7のように、自己資金が大きく減った状態から積立・運用が始まることになります。

したがって、顧客は「死亡保険金額が徐々に減っていく『掛け捨ての保険』」と「手数料が高い『積み立て保険』」に、同時に加入することになるわけです。

図表7 積み立て部分のお金の増え方

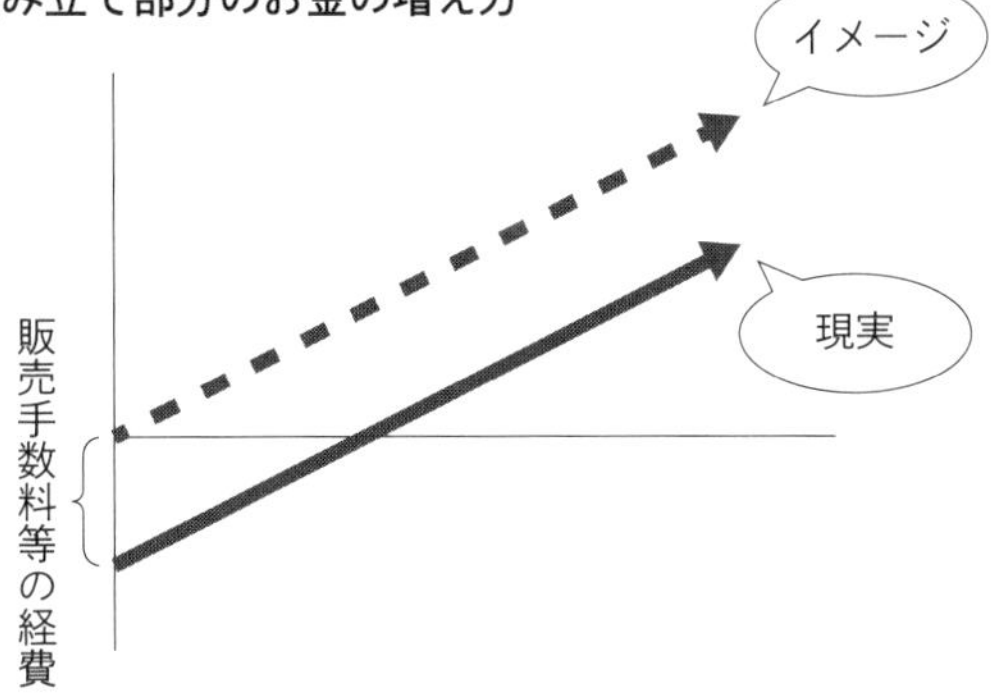

保障を必要とする人がいても、わざわざ「不利な積み立てをセットで行う」のは愚行でしょう。

また「保障期間＝積立期間」「保障開始時の保険金額＝満期金額」という縛りも、使い勝手が悪いはずです。減額や解約も、保障と貯蓄を同時に行わなければならないのは、不便に違いありません。

実際、ある国内生保の場合、35歳男性の保険料は約２万２０００円です。世帯主が死亡保障を持つ場合、５００万円では少ないと感じて、仮に２０００万円の保障を持つと保険料は約９万円にもなるのです。

なにより、保障と貯蓄を兼ねる保険では、死亡時に損が大きくなる（！）のが難点です。

仮に、20年間、５００万円の死亡保障が必要な35歳の男性がいるとします。ネット生保の掛け捨ての定期保険だと１１００円強で加入できるので、養老保険に加入しないで、余った２万円強を積み立てることにし

図表8　死亡時に遺族に残せる金額

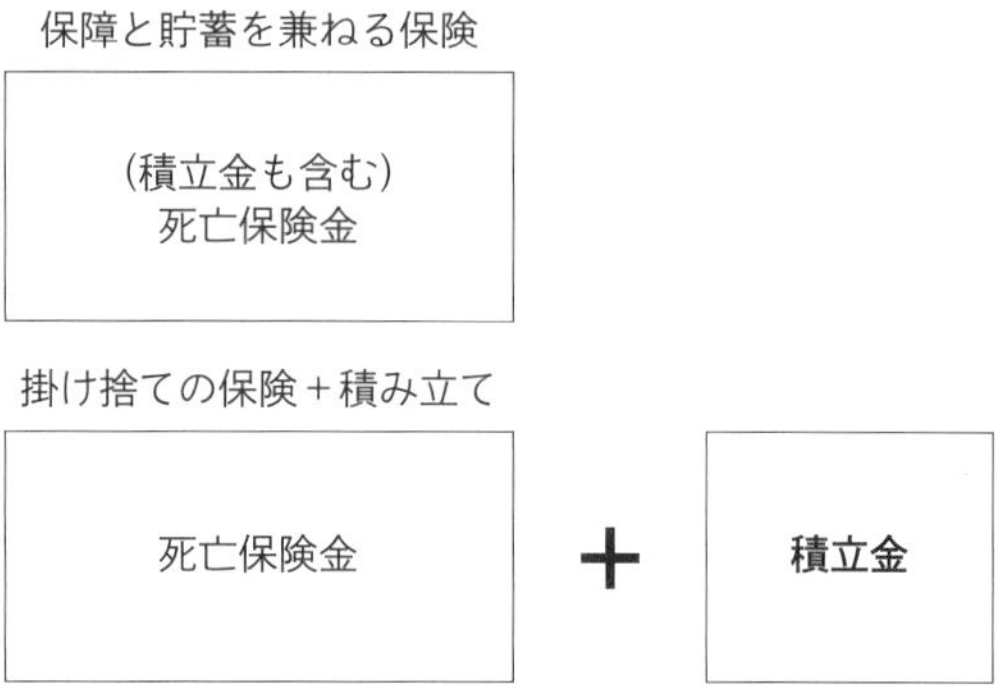

「保障と貯蓄を兼ねる保険＝積立金が死亡保険金に充当される保険」と「掛け捨ての保険に加入し、別途積立を行う」場合、いざという時、大きな差がつきやすい。

ます。

すると、加入から10年後に亡くなった場合、ゼロ金利でも保険金500万円と積立金約250万円が残ります。満期が近い頃に亡くなると保険金500万円と積立金約500万円で1000万円くらいのお金を遺族に渡すことができる計算です。

それが養老保険だと、死亡保険金の500万円だけになってしまうのです。一生涯の保障がある終身保険でも、保険料を投資信託などで運用する「変額保険」でも同じようなことになります。積立金も死亡保険金の支払いに充当される仕組みだからです（図表8）。

「満期の楽しみと保障を兼ねる」といった甘言に惑わされず、保障と貯蓄は分けましょう。

本章のまとめ

❶ 保険は「お金を失いやすい」仕組みだ

❷ 保険には貯蓄性を求めず「掛け捨ては得だ」と理解したい

❸ 「保障と貯蓄を兼ねる保険」は、より損が大きくなる仕組みなので、保障と貯蓄は別々に行う

第1章

「医療保険」の損得

2019年度の「医療保険」の新契約件数は約350万件。個人保険の新契約件数の中では最多で、全体の約26%を占めています（㈳生命保険協会「生命保険の動向」より）。

ところが、私が知る限り、保険をよく知る保険会社の人たちは「医療保険」に入りたがりません。

本章をお読みになるとその理由にも納得がいくかと思います。彼らは、保険の利用にかかる「費用」を疑問視しているのです。

保険会社の人が最も軽視する保険？

「おっしゃるとおり、保険会社の内勤で『医療保険』に入る者はまずいないです」。ある会合でお会いした国内生保のマーケティング担当者の発言です。私が「保険に明るい人は、医療保険に入りません」とさまざまな媒体で発信していることに同意されたのです。

数年前、マネー誌等の「保険ランキング」で、例年、上位に入る「医療保険」がリニューアルされた際、当該商品の広報担当者に「ご自身は入っているのですか？」と尋ねた時にも「いいえ、検討中です」と苦笑いされたことを思い出します。

ある保険会社の商品設計部門の人の評価が典型だと思います。「入院日数は通常10日前後と見込むと、給付金はせいぜい数万円です。通院給付金も支払い対象期間に最高30日まで給付を受けても、日額５０００円なら15万円。保険で備えたい額ではないでしょう」と言うのです。

私も同感なので「では、なぜ医療保険を売っているのですか？」と尋ねたら「売れるからです。仕事だからです。より模範的に言うと『お客様のニーズがある』からですね」と返答されました。

入院や通院で自己負担が不可能なお金が必要になるとは思えないから、「お金を受け取るために、別途、お金（＝保険料）がかかる保険は利用したくない、保険会社の取り分まで負担するのはもったいない」というわけです。

医療保険を話題にすると、入院時に貯蓄を取り崩す不安などが語られがちですが、「心の痛み」や「安心感」ではなく、保険加入に伴う「負担」に注目しているのがポイントです。

１万円入金すると　３０００～７０００円　手数料が引かれる!?

では、保険会社の取り分はどれくらいあるのでしょうか。

通常、医療保険では「いくらの給付金のために、いくら保険料を支払うことになるのか」

がわかりません。入院給付金、手術給付金、通院給付金などの保障がパッケージになっているると、さまざまな給付パターンが考えられるからです。

ところが、定額の「入院一時金」が支払われる保険では「人が入院する確率」から見込み給付額を算出し、保険料と比べることができます。早速、作ってみたのが次の表です（図表9）。

試算に用いたのは、日帰り入院でも一時金10万円が支払われる太陽生命の「保険組曲Ｂｅｓｔ　入院重点プラン（スマ保険）」です。

①の入院率は「人が1年間に入院する確率」です。厚生労働省の患者調査（２０１７年）と総務省統計局の人口推計（２０１７年10月1日現在）から算出しています。

②の1年間で見込める給付金の額は、次のように計算できます。

一時金給付額10万円のプランに20歳女性が加入する場合、24歳までの5年間は、

10万円（一時金給付額）×　４・７％（入院率／年）＝　４７００円（給付見込み額／年）

25歳から29歳までの5年間は、

図表9　見込み給付額と保険料の比較

男性 年齢	① 入院率	② 10万円×① 給付見込み額（年）	③ 年間保険料 （向こう10年間）
20〜24	3.7%	3,700	12,960
25〜29	3.3%	3,300	
30〜34	3.7%	3,700	13,440
35〜39	4.0%	4,000	
40〜44	5.0%	5,000	16,920
45〜49	6.3%	6,300	
50〜54	8.8%	8,800	25,080
55〜59	12.2%	12,200	
60〜64	16.9%	16,900	40,440
65〜69	22.8%	22,800	
70〜74	30.4%	30,400	64,200
75〜79	37.8%	37,800	

＊③年間保険料は、20 歳から10 歳刻みで加入時の保険料を表記

女性 年齢	① 入院率	② 10万円×① 給付見込み額（年）	③ 年間保険料 （向こう10年間）
20〜24	4.7%	4,700	17,160
25〜29	7.1%	7,100	
30〜34	8.7%	8,700	19,920
35〜39	7.3%	7,300	
40〜44	5.7%	5,700	16,800
45〜49	6.0%	6,000	
50〜54	7.0%	7,000	20,160
55〜59	8.6%	8,600	
60〜64	10.8%	10,800	28,080
65〜69	14.1%	14,100	
70〜74	19.2%	19,200	44,760
75〜79	25.3%	25,300	

出所：筆者作成

10万円（一時金給付額）×7・1％（入院率／年）＝7100円（給付見込み額／年）

です。

一方、保険料は20歳で加入すると29歳までの10年間、1430円（月払い）なので、③の年間保険料は、

1430円×12カ月＝1万7160円（保険料／年）

となります。

つまり、24歳までの5年間は4700円のために1万7160円を払い、その後29歳までの5年間は7100円のために1万7160円を払う、と推計できるのです。

30歳からの加入であれば、最初の5年は8700円に対し、次の5年は7300円に対し、それぞれ1万9920円を払うとみられるのです。

このような試算を繰り返すと、総じて「見込み給付額の2～3倍もの保険料を払うような仕組み」であることがうかがえます。

なお、試算にあたっては、10万円の給付金支払いは年に1度ということにしました。

180日に1回支払うという条件なのですが、ある保険会社の方に確認したところ、「年に2回入院する確率は、1回入院する確率よりさらに下がるので考慮しなくていいでしょう」と返答されたからです。

そもそも、民間の保険には健康状態に問題がある人は加入できないため、厚生労働省のデータから算出した数字より入院率が下がり、見込み給付額も低くなると考えられます。

したがって、最も入院率が高い70代後半の男性でも「保険会社の口座に6万4000円ほど入金すると2万6000円を超える手数料が引かれる」イメージですが、「3万円くらい引かれる⁉」と想像してもいいのかもしれません。

この医療保険のネット広告では「太陽生命が太っ腹な件」というコピーを確認できます。日帰り入院でも、まとまった額の金が支払われるからでしょうか。私には悪い冗談のように感じられます。

もちろん、保険なので、1カ月分の保険料を払った時点で入院し、10万円を受け取ることもあるかもしれません。

私が営業の仕事をしていた頃も、加入から数カ月、保険料を支払った後、手術とリハビリを伴う入院をすることになり、100万円を超えるお金を受け取ったお客様がいらっしゃいました。

お客様にはたいへん感謝されましたし、私も「保険が役に立って良かった」と心から思いました。とはいえ、こうした事例が発生する可能性も織り込んで保険料は設定されているはずです。

数万円の出費で100万円単位のお金を受け取るようなことは、宝くじでも起こることです。だからといって、「宝くじに当たった人を何人も見てきた」という理由で、年に数万円、宝くじの購入をすすめるべきだろうか？　とそんなことを考えます。

ちなみに宝くじでは、代金の46・5％が賞金として購入者に還元されています。競馬では75％です。それが表の計算では、保険料が給付金として還元される割合は最大でも59％（男性70代後半）、最低では25％（男性20代後半）なのです。医療保険は「競馬より不利で、宝くじに近い、お金を失いやすい仕組み」と感じます。

それでも、加齢とともに上昇する入院率を見て、「一生涯の保障がある医療保険に、70歳くらいから加入しておくと、元が取れる可能性も高まるのではないか」と考える人もいるかもしれません。

しかし、医療情報の専門家によると、高齢期の入院率は、年に1回ではなく複数回入院する人たちが押し上げる傾向があり、「特定の個人が新たに入院する確率」は、各年代でもっと低くなるということです。

言うまでもなく、高齢になって加入すると保険料負担も増えます。仮に、保険会社の専用口座に年間2万円を入金し50％の手数料を引かれたら1万円ですが、10万円入金すると20％でも2万円です。

高齢での加入は、（給付金の）受給率は上がっても、保険料の「持ち出し」が大きくなると認識する必要を感じます。

いずれにしても、保険をよく知る保険会社の人たちが医療保険に入りたがらないのは、「給付額は知れているにもかかわらず、余計な費用がかかる」からなのです。

いざという時のために1000万円や1億円のお金を用意する際、年間数万円くらいの費用がかかるのは仕方がないかもしれません。しかし、たとえば、10万円といった額のお金のために保険料を払うのは賢くない、ということなのです。

入院時という「状況設定」から離れてみると……

それにしても、なぜ、医療保険は売れ続けているのでしょうか。私は消費者の判断が、病気やケガで弱っている時、入院などで日常とは違う出費が負担になる日々、といった「状況設定」に影響されているように思います。

1　病気やケガで入院するとお金がかかる
2　ある程度、預貯金で対応できるとしても「預貯金を取り崩す不安」は拭い難い
3　保険に入っておこう

という展開です。

「いくらお金がかかり、どこまで預貯金を取り崩すことになるのか」がよくわからないこともポイントだと思います。目に見えるもの・計測可能なものと、視認できず計り知れないものとでは、後者が怖いので動揺してしまうのでしょう。

早く落としどころを見つけたいのか、「保険料に見合う価値があるのか」「入院する確率などに対し、保険会社の取り分は妥当なのか」といったことを問う人は少ないように感じるのです。

私は、こうした心の動きを「一件落着願望」と呼んでいます。わざわざ名前をつけたのは、それだけ要注意だと思うからです。不安の原因を見極め、冷静に対処法を検討すべきなのに、「気が収まること」が優先されているように感じられるのです。

「保険は『お守り』のようなもの」と言う人がいるように、入院時などを想像すると落ち着

かず、情緒的な選択に走ってしまいがちなのではないでしょうか。

対照的なのは、保険会社で働く人の考え方です。「健康保険には高額療養費制度があり、医療費の自己負担には上限がある。その他の出費も家計が破綻するような額ではないから、自己資金で対応すべき」と、明快です（図表10）。

消費者と保険会社で働く人たちとでは、見えている景色がまったく違うことがわかります。保険会社の人にとって、医療保険はあくまで「お金を用意する方法の１つ」であり、健康保険の保障内容などを理由に選択肢から外されているのです。求められているのは「安心感」ではなく「合理性」の有無なのです。

一方、消費者には、医療保険がおそらく「頼みの綱」に見えているのでしょう。その綱に、利用料にふさわしい価値があるのかが問われていないのは、「お金の苦労をしたくない」一心で視界が狭くなっているからではないでしょうか。

入院時といった（日常ではない）状況設定の影響が、いかにも大きく感じられるのです。

保険会社は確信犯？

保険会社の人たちと消費者の判断の違いから学びたいのは、「わが身に起こる不幸の物語」

図表10　高額療養費制度

1カ月の医療費（69歳以下）

区分	自己負担　限度額（世帯ごと）	多数回該当
住民税非課税者など	35,400円	24,600円
（年収）約370万円未満	57,600円	44,400円
約370万～770万円	80,100円＋（医療費－267,000）×1%	44,400円
約770万～1160万円	167,400円＋（医療費－558,000）×1%	93,000円
約1160万円以上	252,600円＋（医療費－842,000）×1%	140,100円

1カ月の医療費（70歳以上）

区分	自己負担　限度額（世帯ごと）		多数回該当
	外来（個人ごと）		
Ⅰ住民税非課税世帯（年金収入80万円以下など）	8000円	15,000円	—
Ⅱ住民税非課税世帯	8000円	24,600円	—
（年収）約156万～370万円	1万8千円（年14万4千円）	57,600円	44,400円
約370万～770万円	80,100円＋（医療費－267,000）×1%		44,400円
約770万～1160万円	167,400円＋（医療費－558,000）×1%		93,000円
約1160万円～	252,600円＋（医療費－842,000）×1%		140,100円

出所：厚生労働省ホームページより作成

から距離を置くことの大切さです。そのために役に立つのが、人の脳や心の中にある「合理的な判断を妨げる何か」を研究している行動経済学です。

私は行動経済学を少しかじることで、人の判断における「歪み」を面白がれるようになりました。あらゆる笑いは距離感から生まれます。他人の悲劇が自分にとって喜劇だったりするのは、当事者から離れた場所にいると、物事の見え方・感じ方が変わってしまうからでしょう。

行動経済学に照らすと、自分の行動も「われながら賢くないなぁ」などと笑えるようになります。保険会社が提供する物語も冷静に受けとめられるようになると思います。

行動経済学の知見を借りて、消費者のありがちな選択について考えると、ポイントは３つにまとめられそうです。

まず「情報負荷」です。多くの消費者は、複雑な商品、大量の広告、心が揺さぶられる体験談などに接し、情報の取捨選択に困ってしまっている状況なのだと思います。

しかも医療保険の場合、入院など歓迎したくない事態がテーマです。年齢とともに他人事ではなくなる話でもあります。そのため「一件落着願望」が刺激され、「みんな、どうしていますか？」「おすすめの保険はありますか？」といった質問を営業担当者や代理店にしてしまうのではないでしょうか。

しかし、本来、保険の素人である〝みんな〟の選択に倣ってもしかたがないはずです。また、おすすめ商品を提示する営業担当者や代理店は、消費者の保険料負担が増えるほど潤うのですから、もともと「利益相反」の関係です。顧客本位ではなく手数料本位で「おすすめ」が選ばれる可能性を疑ったほうがいいはずなのです。

どちらも常識で考えればわかることです。それにもかかわらず結論を急いでしまうのです。「情報負荷」には、負荷から解放されたい人を短絡的な行動に走らせる怖さがある、と感じます。

そこでおすすめしたいのが、視点を保険会社側に移してみることです。情報が錯綜している状況は、商品販売にはとても都合がいいのです。

- さまざまな特約が付加されていて、比べにくい
- 先進医療への対応、通院保障の拡充など、トレンドが変わる
- 営業担当者・ショップ・ネットなど窓口が多く、誰を信じて良いかわからない

など、いずれも「素人には正しい判断が難しい」と思わせる環境作りに貢献（？）しています。

しかも、

- 代理店手数料など、「契約に要する費用」がわからない
- 保険が役に立つ「見込み（確率）」もわからない
- 給付金支払いの「実績」もわからない

など、保険の利用価値を判断しやすいと思える情報は、伏せられたままなのです。

一方で、入院時の差額ベッド代や、健康保険が適用されない先進医療の技術料などについては、繰り返し伝えられています。CM等で心が動かされる体験談などにも日常的に接する機会があります。

「『情報負荷』が短絡的な判断を促すことを保険会社はわかっているとしたら……保険会社は確信犯なのか」

行動経済学を意識すると、そんな視点が持てるようになります。すると「なかなかやるなぁ」と、巧妙な仕事ぶりに感心できるようになるかもしれません。保険会社がある種の確信犯であるかどうかはともかく、新たな見方ができるようになることが重要なのです。

お客様が「医療保険」を解約した理由

次に挙げておきたいのが「心の会計（メンタルアカウンティング）」です。たとえば、一般の消費者はもちろん、ファイナンシャルプランナーの中にも「貯蓄から入院費を支払うのは心細くなる。入院で落ち込んでいるところに追い打ちをかけられるようなものだ。その点、医療保険に加入していれば、給付金がもらえるので安心して治療に専念できる」と言う人がいます。

「貯蓄から支払う入院費」と「医療保険からの給付金で賄う入院費」では心の痛みが違うために、「同じお金」の問題として見ることができなくなっているのです。

「心の会計」を考える際、私がいつも思い出すのは、長期休暇を前に『医療保険』を解約することにしたお客様のことです。

「テレビのCMを見て、入院時のことを想像すると漠然とした不安があって、保険に入っておけば安心だと考えていたんです。でも『要はお金の問題、お金があればいい、払えればいい』と急にわかったんです」と言われたのです。

きっかけは、夏休みの帰省や旅行などにかかる費用を計算したことだそうです。

「例年のこととはいえ、他の月とは金額が違うので『痛いなぁ』と感じるわけです。でも、

『夏休み用の保険があれば』なんて思いもしない（笑）。『金欠だよ』と言いつつ、預貯金を取り崩して日常に戻る。だから、ＣＭで入院時のお金ばかり、特別に『痛い感』を持ってしまっていたのだと。預貯金から払うのが正解だと結論が出たんです」

まさに「心の会計」が語られています。さらに、もう１つ、重要な言葉が出てきました。

「毎年、夏休みや年末年始に家族で移動すると、10万円単位のお金がかかって、子供がそれなりの年齢になるまでに総額では２００万円を超えるでしょう。当たり前ですけど、全部自腹です。一方、医療保険から毎年10万円単位のお金がもらえるとは考えにくい。それなのに、毎年数万円の保険料を払うのは『入院時に保険からお金がおりると助かる』と思っているからです。でも「タダで空からお金が降ってくるわけじゃない。『うまく言えないけれど、明らかに何か錯覚している』と確信しました」

そうです。まさに錯覚なのです。「お金がもらえる」「お金がおりる」という表現がわかりやすいでしょう。保険の給付金は特別視されやすいのです。

- 治療費は、入院給付金という名目のお金でしか払えないのか？
- 手術にかかったお金は手術給付金と呼ばれるお金でしか払えないのか？
- 病院までのタクシー代は「保険からおりたお金」でしか払えないのか？

・差額ベッド代も、保険会社から振り込まれたお金以外通用しないのか？

などと考えてみましょう。お金であれば何でもいいはずなのです。

1000万円単位の保険金が約束されている「死亡保険」などはともかく、入院関連費用等を保険で用意するために保険料を払い続けるのは賢くないだろう、ということなのです。

もちろん、入院の場合、旅行のように自分の意思や好みで期間を決めることはできません。上限が決められないのだから、不安になって当然とも思えます。だからこそ、立ち止まって考えたいのです。

先のお客様の気づきは、「同じお金のことなのに、同じ感覚で受けとめられずに判断を誤った」点にあります。

入院費などには「非常時に自腹を切って出すお金」ということで、特別な痛みを想像し、保険の給付金には「非常時に〝もらえる〟お金」だからと、特別なありがたみを認めていたのです。

「入院時のお金」に関連付けると、保険料も自腹を切るのに、なぜか「別腹」のように感じられやすいのだとしたら、まさに錯覚です。

「心の会計」が教えてくれるのは、「人は、損を嫌うがゆえに損をする」ということかもしれません。

「イチオシ」を聞きたいだけの人たち

３番目は「確証バイアス」です。人には「見たいものだけを見て、聞きたいことだけを聞く」傾向があるのです。

オリンピックやワールドカップなどの前に、各種メディアが自国の代表の活躍を予想しがちなのは、国民の期待を意識しているからではないか、と想像するといいかもしれません。

実際、医療保険に加入していなかった友人が入院することになり「急な出費が痛かった」という話を聞いて、医療保険に加入しようとしている人には、保険料の還元率の話などは受けがよくありません。

「経費だけでも、３割くらいのお金が引かれる仕組みだと、保険会社の人が言っているのです。利用を控えるに越したことはないはずです」と話すと、「明日から１カ月入院したらどうしますか？　その場合、数千円の保険料で数十万円のお金がもらえる。それが保険でしょう!?　あなたは保険を投資のように見ていませんか？　なにか歪んでいますよ」と反論されたりするのです。

「あえて投資と言うなら、保険料はリスクに備える先行投資。保険加入直後に大金が受け取れるケースも込みで、全体ではマイナス30%、おそろしく不利な投資です。あらゆる可能性が想像できるからこそ、原則を重視したいのです」と話しても嫌われるだけだと感じる瞬間です。

「とにかく医療保険に入っておきたい」と前のめりになっている人は、「転ばぬ先の杖。おっしゃるとおりだと思います。私のイチオシはオリックス生命の『新ＣＵＲＥ』です」といった即答以外、求めていないのです。

実際、私が約15年の営業経験から学んだのは、「お客様が聞きたがっていないことをいくら話しても無駄。短時間で、肯定してほしい心情や考え方を察知し、期待に応える話をすると成約率があがる」ということです。

友人の体験談に刺激されている人に対応する場合であれば、「たしかに、そういうことありますよね。私の知人も『保険に入るのはもったいない』と言っていたのに、その後、入院して後悔していました」と同意し、時間を置かず具体的な商品を提示する展開が喜ばれるのです。

「『聞きたい答え＝正しい答え』とは限らないのではないでしょうか」といった疑問は挟みません。人は、自分の見解を肯定してくれる相手を好むのです。別の章でも触れますが、保険の営業担当者は、成約につながるのであれば、異論はあっても口に出すようなことはしないでしょう。

歩合制の世界で生き残っている営業担当者の多くは「相手の話を頭ごなしに否定するのは愚行。まずは、嘘でもいいから受容するのが大事」と理解し、実践しているのです。ただし、お客様には、心からの相づちなのか、共感を伝える演技なのか、わかりようがありません。確証バイアスがかかっている状態ではなおさらです。

「確証バイアス」という言葉を覚えておくと、自分自身を興味深い観察の対象にすることができるようになります。意外に面白いものです。読者のみなさまにも、ぜひ、お試しいただきたいと思います。

印象的な「体験談」はどう受けとめたらいいのか

体験談に判断が左右される傾向は、「代表性ヒューリスティック」「利用可能性バイアス」といった言葉で説明されます。

ヒューリスティックとは、人が物事を判断する際、無意識に採用している簡便法といった意味です。「わかりやすさ」に反応する傾向を説明する言葉と理解してもいいでしょう。

たとえば、不祥事の謝罪会見で、男性の場合、ダークスーツに白いシャツでスーツに近い色のネクタイを合わせる人が大半なのは、一見しただけで「反省の意」が伝わると考えられているからでしょう。

医療保険に限らず、保険では手数料などの情報が伏せられているため、商品価値の判断が難しくなっています。そのため、身近に感じられる体験談などが、加入の必要性を考える際、良くも悪くも「わかりやすい」判断材料になりがちなのです。

体験談には「ストーリー」と「感想」がつきものです。数字は覚えられない人でもストーリーは覚えられます。コストや確率ではなく「心の痛み」などが生々しく語られる点も見逃せません。手数料関連情報などは開示しない保険会社が、体験談の紹介には熱心な理由も、ヒューリスティックという言葉で理解できる気がします。

加えて、体験談には不測の事態が起こる確率を高く感じさせる面もあります。つまり、保険の「利用可能性」の評価が上がるのです。人の判断は直近に接した情報に左右される傾向があるからです。

実際、著名人ががんで亡くなったニュースなどが報じられると、保険会社への「がん保険」に関する問い合わせが増えるそうです。

さらにわかりやすいのは、「地震保険」の加入率でしょう。阪神や東北の震災の後は加入率が例年より大きく伸びているのです。

しかも、被災地近辺での伸びが目立つのです。「確率からして、次に大きな災害が起こるとしたら、これまで被災していない都道府県だろう」と考える人は少ないようです。

ほかにも実話ではありませんが、数年前に放映されていたアフラックのＣＭも、保険を利用する可能性について、誤認しそうなケースを学べる教材になるかと思います。

「保険なんて必要ない」と言っていたブラックスワンというキャラクターが入院している場面が描かれていたからです。本来「保険に対する考え方」と「入院の可能性」には何の相関もないはずです。

ところが「保険不要論者が入院する」ストーリーにより、不測の事態が相手を選ばないことを強く印象付けられるのです。「『保険なんかいらない』と考えている、そんな人に限って痛い目に遭うのだ」と感じる人もいたかもしれません。

体験談に触発された保険加入には、１番目に挙げた「情報負荷」も関連していると思います。情報が多いために、身近な友人の話が信頼に足る「証言」のように感じられ、「入っておいたほうが安心」と短絡的な結論が出されるのではないでしょうか。

入院経験者には、確率の問題ではなく「100%の事実」だが

それから、体験談は「保険の費用対効果はどうなのか?」といった疑問を封じる力も抜群です。

私はこれまで「保険のお世話になった」と言う人たちから、「不測の事態に遭遇した人にとって、それは確率の話ではなく100%の事実なのです」という言葉を何度も聞いてきました。

大病や死亡の場合、文字どおり有無を言わせない証言です。普段から理屈っぽく饒舌な私も、その場では返す言葉が浮かびません。「ひょっとしたら自分の主張は間違っているのではないか……。もっと人の心情に寄り添うべきではないか」と考えさせられるほど、迫ってくるものがあるからです。

しかし、時間をおいて繰り返し考えると「やはりおかしい」と感じます。揺さぶられているのは感情だからです。不測の事態が、当事者にとって「確率100%の事実」なのはそのとおりでしょう。だからといって「加入者の100%に起こることではない」というもう1つの事実を無視していいのでしょうか。

個人の体験を否定する気はないのです(そもそも否定のしようがありません)。参考にす

ることもあって良いと思います。ただ、同時に「一般化するのはどうだろう」という問いかけもしておきたいのです。

体験談を否定すると、否定する人の人間性が問われることもあります。私など「保険の活用は必要最小限にとどめるのが望ましい」とさまざまな媒体で繰り返し、発言しているせいか、「お客様をリスクにさらして平気なあなたに、保険を語る資格はない」などと、代理店の人に言われることもあります。

しかし、「お金の使い方」「優先順位」の問題なのです。開き直っているのではなく、私の人間性などどうでもいいだろう、と感じます。医療保険は、お金を用意する方法として見ると、費用負担が大きすぎないかという話なのです。論点をずらしてはいけません。

私はこれからも、本章の冒頭に書いたような、保険会社の人の医療保険に対する見解を繰り返し紹介していくつもりです。

本章のまとめ

❶ 医療保険は、入院確率が高まる老後に限っても「競馬より不利な賭け」である

❷ 保険会社で働く人たちは、医療費等に関しては、健康保険と貯蓄での備えが適切と判断している

❸ 「行動経済学」を少しかじると、入院給付金などに関する「錯覚」を面白く感じられるようになる

第2章

「がん保険」の損得

がんは死に至ることが多い大病ですし、若いアスリートや芸能人ががんに罹《かか》っているニュースなどに接すると、保険加入は必須と考えられるかもしれません。

とはいえ、保険会社は「がん保険」の契約にかかる費用（コスト）も、給付金支払い実績（パフォーマンス）も開示していません。

そこで本章では、人ががんに罹る確率から、「がん保険の損得」を検証してみました。結果は「驚くほど損」と言えるものでした。

「ストーリー」がないとうさんくさいだけ（？）

突然ですが、仮に、次のような話を持ちかけられたら、読者の皆様はどのように感じられるでしょうか？

「毎月、数千円のお金を払っておくと、生涯において50％くらいの確率で１００万円を受け取ることができます。

受け取る時期には個人差があります。目安としては、たとえば、30歳からの10年間では１％前後、40歳からの10年だと１～４％台、70歳からの10年で15～32％くらいです。

要するに、かなり高齢になってから100万円を受け取る人が増えるのですが、支払う代金の総額は100万円を超えます。

また、このシステムの運営にあたり、必要となる管理費や手数料の類は企業秘密ということで開示していません。ぜひ、ご利用ください」

いかがでしょうか。単に「うさんくさい」と感じられるのではないでしょうか。

私も笑えない冗談のように感じます。同時に「確率とお金の話ばかりで、体験談などが入っていないから心が動かないのではないか」とも感じます。

これは「がん保険」の話だからです。

アフラックの「がん保険がよくわかるサイト」で「いまや、日本人の2人に1人は『がん』になると言われる時代」というコピーを見て、思いつきました。コピーにならうと、一生涯において、人ががんに罹る確率は50%です。したがって、診断時に100万円が支払われる「がん保険」がある場合、一生涯で見込める給付額は50万円となります。

そして、複数の保険会社の「がん保険」で、診断給付金100万円のみが支払われるプランを確認すると、生涯に払う保険料総額は100万円を超えることもあるので、「50万円を100万円超で買う」話にしてみたのです。

保険料に反映される保険会社の運営費や代理店手数料などを開示している会社は皆無に近いので、企業秘密という言葉も使ってみました。

近年は、診断給付金以外に、通院、その他諸々の保障が付加された「がん保険」が増えています。治療の長期化や収入減に対応する意図は理解できますが、商品の利用価値は、見込み給付額の試算が難しいのでよくわかりません。

仮に、給付金ごとに、高い割合で保険会社にお金が残る料金設定になっているとしたら、加入者の持ち出しは増えるばかりでしょう。

実は私が「がん保険」を「怪しげな金融商品」と認識するまでには、20年近い時間がかかりました。保険に関わる仕事をしてきたからだと思います。

大手生保の営業マンだった頃には、30代のお客様ががんで亡くなられたこともありましたし、各種媒体に記事を書くようになると、保険会社の人から、直接、商品開発の背景や関係各位の思いなどを見聞きする機会も増えました。

そのため、いつのまにか「保険会社が提供する文脈」に沿ってがん保険を考えてしまっていたのです。「データや実話をもとに、不安喚起情報を確認した後、対処法としてがん保険への加入を検討する」という文脈です。

要は「(「がん保険」に) 入っていなくて大丈夫なのか?」「『入らなくてもいい』などと発

信して、何かあったとき、責任をとれるのか？」と考えさせられる機会が多かったのです。

前章で、医療保険における「入院時」といった状況を設定して伝えられる「ストーリー」の力に言及しましたが、がん関連の物語には、より心を揺さぶるものがあります。そのため、金融商品として冷静に評価できなくなっていたと感じるのです。

保険会社が常用する文脈については、ストーリーのなかで最も強力な「実話」が紹介されている次の例がわかりやすいでしょう。

現役スポーツ選手が「体験談」を語るＣＭ

櫻井「大腸がん手術の後、一軍にスピード復帰を果たしましたね」
原口「実は復帰後も試合に出ながら、抗がん剤の治療は続けてました。手術して終わりだと思っていたので、驚きましたね」

阪神タイガースの原口文仁選手が登場する、アフラックの「がん保険」のＣＭ（櫻井翔の取材ノート「働きながらの治療編」）の冒頭で紹介されている会話です。

続いて、原口さんが、サヨナラタイムリーヒットを打ったときの映像に「この日も抗がん剤治療は続いていた」という櫻井さんのナレーションが重ねられます。

最後に女性の声で「幅広くまとめて保障するがん保険、オールイン誕生　がん保険ナンバー1」とナレーションが入り、タイガースの帽子をかぶったアヒルの「アフラック」という声につながります。

要点は4つです。

1　20代の現役プロスポーツ選手が実体験を語ることで、「あらゆる世代の人にとって、がんは他人事ではない」と印象づけられる

2　試合当日にも治療を受けていたという発言から「金銭的な負担が、いつまで続くのかわからない」不安が喚起される

3　すでに「がん保険」に加入している人も、長期化する通院治療などまで保障する「新しいがん保険」を検討したほうが良いかもしれない、と考えさせられる

4　多くの保険会社が「がん保険」を販売しているなか、「アフラックを選ぶ人が一番多い」事実を伝え、選択肢を絞っている

うまく構成されていると感じます。

言うまでもなく、保険は「他人事とは思えない事態」への備えには不向きです。稀に起こる事態であれば、安い保険料で手厚い保障を持てますが、多くの人に頻発する事態に手厚く備えようとしたら、保険料が高くなるばかりだからです。

子供でもわかる話です。しかし、私が知る限り「がんは他人事ではない」と感じた人は、「保険で備えられないだろうか」「どの『がん保険』が良いのか」と考えるのです。誰が、いつ、がんに罹るのか、わからないからでしょう。

また、「仕事に復帰した後も治療が続くことに驚いた」という証言も重要だと思います。終わりが見えないことほど人を不安にさせるものはないからです。延々と出費が続くイメージが増幅されるのではないでしょうか。

がん保険に加入している人であっても、古い契約の保障内容を今の時代にも通用するように「最適化する必要はないのか」と考えさせられ、その答えが見えないままでは居心地が悪くなる気がします。

そして、保険会社や商品の選択についても、素人には正解が見えないので、アフラックに決めた人が最も多い事実を紹介し、落としどころを示しているのです。

要するに、いろんなことが見えないために、医療保険の章で書いた「一件落着願望」がより強くなるのだと思います。だからこそ、落ち着いて考えてみたいのです。

がんは老後に増える病気

まず、「がんは老後に罹ることが多い」という認識があっていいと思います。国立がん研究センター「がん情報サービス」のサイトにある表からわかります（図表11）。男性では80歳以降「2人に1人ががんに罹る」と言えそうですが、女性では80歳からの10年でも3人に1人未満です。

現役世代は、「がんに備える場合、通常、長い準備期間がある。それに、数十年後の自分に最適な保険を今選べるだろうか？　そんなことは誰にもできないだろう」と考えてみる必要もありそうです。

一般的な費用負担は50万円程度？

がんに罹るとどれくらいのお金が必要になるのでしょうか。私のところに保険相談にいらした複数の医療関係者によると「通常は50万円くらいで済むことが多い」とのことです。

ある保険会社で働く医師の方が、「50万円程度。あくまで私見ですが、がん保険の商品価値は、経済合理性というより、『安心感』なのかもしれません」とおっしゃっていたことも

図表11　現在年齢別がん罹患リスク

例：現在40歳の男性が20年後までにがんと診断される確率＝6.9％

男性

現在の年齢	10年後	20年後	30年後	40年後	50年後	60年後	70年後	80年後	生涯
0歳	0.2％	0.3％	0.6％	1.2％	2.7％	7.8％	21.9％	43.6％	65.5％
10歳	0.1％	0.4％	1.0％	2.6％	7.7％	21.9％	43.6％		65.6％
20歳	0.3％	0.9％	2.5％	7.6％	21.8％	43.6％			65.6％
30歳	0.6％	2.2％	7.4％	21.7％	43.7％				65.8％
40歳	1.6％	6.9％	21.3％	43.6％					66.0％
50歳	5.4％	20.3％	43.2％						66.3％
60歳	16.2％	41.1％							66.1％
70歳	31.7％								63.6％
80歳									56.6％

女性

現在の年齢	10年後	20年後	30年後	40年後	50年後	60年後	70年後	80年後	生涯
0歳	0.1％	0.3％	0.7％	2.3％	6.3％	12.4％	21.2％	32.8％	50.2％
10歳	0.1％	0.6％	2.1％	6.2％	12.3％	21.1％	32.8％		50.2％
20歳	0.4％	2.0％	6.0％	12.2％	21.1％	32.7％			50.2％
30歳	1.6％	5.6％	11.8％	20.7％	32.5％				50.1％
40歳	4.1％	10.4％	19.5％	31.5％					49.4％
50歳	6.6％	16.1％	28.7％						47.4％
60歳	10.3％	23.8％							44.1％
70歳	15.4％								38.5％
80歳									29.5％

出所：国立がん研究センター「がん情報サービス」サイトより

付記しておきます。

思ったより少額だと感じますが、たしかに「がんに罹って破産した人を知っているか？」と自問すると、思いつきません。むしろ「乳がんになったけど健康保険の高額療養費制度のおかげで、費用は驚くほどの額にはならなかった。がん保険のCMなんかは脅しすぎよ」と語った女性の印象が強いくらいです。

保険会社が行った調査で比較的新しいものとしては、メットライフ生命のサイトに「ガン治療にかかる費用はどのくらい？」というタイトルで次のような記載があります。

初めてガンに罹患されたときの年間の医療費は平均43万円、医療費以外にも平均22万円の出費があり、合計で約66万円の費用に。

また、病期（ステージ）が進行している層ほど治療に要した年間費用は多くなり、ステージ0（平均37万円）とステージⅣ（平均108万円）では約3倍の差が生じます。
※初発時のみ。調査対象者は「がん罹患者またはがん罹患経験者」
出典：メットライフ生命調べ「特定疾病に関するインターネット調査（2018年12月）、n＝8235」

メットライフ生命の数字は、初発時のみ対象としているので、再発時も加えると費用はもっと高くなるでしょう。とはいえ「医療費の回答に際して、高額療養費制度の適用の有無は、アンケート回答者に確認しておりません。治療に要した費用について、高額療養費制度を利用できる場合があります」という但し書きもあります。

高額療養費制度を適用した後の数字であれば、平均43万円にも届かないかもしれません。また、「平均」値は、一部の高い数値に引き上げられやすいことも留意したほうがいいでしょう。

したがって、あえて金額の目安を出すとしたら、ステージⅣの平均値を意識しても、１００万円くらいの出費に耐えられる人であれば、がん保険は必須ではないだろうと思います。

「あえて」と書いたのは、具体的な金額を出すと「がん保険に入っていたら、１００万円の自己資金を失わなくて済む」「１００万円で済まないケースなど、いくらでもある。無責任だ」といった声も届くからです。

私も、自由診療などを試して、１０００万円単位のお金をがん治療に使った人を知っています。「いくらあれば安心」ということはないと思います。想像力は無限だからです。

いっぽう、お金は有限です。どこかで線を引いておく必要を感じます。なにより、がん保険は大事なお金を失いやすい手段だと思うのです。

「お金を用意する方法」として見ると暴利が疑われる

保険会社が提示する文脈から離れて、ひとつの「お金を用意する方法」として、がん保険を評価してみましょう。

がんと診断された場合、１００万円が給付されるＦＷＤ富士生命の「ＦＷＤがんベスト・ゴールド」で試算します（図表12）。

まず、先の「がん情報サービス」のサイトにある「人ががんに罹る確率」から、「１００万円×確率＝見込み給付額」で、見込みの給付額を出します。

たとえば、30歳の女性が一生涯でがんに罹る確率は50・１％なので、見込みの給付額は、１００万円×50・１％＝50万１０００円となります。

次に保険料の総額を計算します。同社の通販サイトで試算すると、30歳女性の場合、月々の保険料は３８７７円なので、30年間の保険料総額は１３９万５７２０円です。

したがって、「約50万円のために１４０万円近く払う」とみられるのです。がんに関わるさまざまな思いなどを脇に置いて、金額だけを見ると、商品の見え方が変わってこないでし

図表12 FWD富士生命の「FWDがんベスト・ゴールド」

男性	生涯罹患率（%）	見込み給付額（円）	保険料総額（円）
20歳	65.6	656,000	1,320,480
30歳	65.8	658,000	1,607,040
40歳	66.0	660,000	1,920,480
50歳	66.3	663,000	2,254,080
60歳	66.1	661,000	2,639,880

女性	生涯罹患率（%）	見込み給付額（円）	保険料総額（円）
20歳	50.2	502,000	1,274,880
30歳	50.1	501,000	1,395,720
40歳	49.4	494,000	1,511,760
50歳	47.4	474,000	1,589,040
60歳	44.1	441,000	1,511,880

＊がん診断給付金100万円のみのプランで試算
＊保険料は60歳で払い終わる場合。60歳からの加入では70歳で払い終わる場合で計算
出所：筆者作成

ようか？

ただし、非常に大まかな試算であることもお断りしておきます。たとえば、100万円の診断給付金は、初めて悪性新生物と診断確定されたとき以外にも、受け取ることができます。前回の支払事由に該当した日から1年経過した翌日以後の再発などにも対応しています。

同社の通信販売用キットパンフレットには術後3年以内の再発率の例として、肝臓がん（非小細胞がん、

図表13　見込み給付額を「50％割り増し」にした場合

男性	生涯罹患率（％）	見込み給付額（円）	保険料総額（円）
20歳	65.6	984,000	1,320,480
30歳	65.8	987,000	1,607,040
40歳	66.0	990,000	1,920,480
50歳	66.3	994,500	2,254,080
60歳	66.1	991,500	2,639,880

女性	生涯罹患率（％）	見込み給付額（円）	保険料総額（円）
20歳	50.2	753,000	1,274,880
30歳	50.1	751,500	1,395,720
40歳	49.4	741,000	1,511,760
50歳	47.4	711,000	1,589,040
60歳	44.1	661,500	1,511,880

＊見込み給付額を150万円×生涯罹患率で算出
出所：筆者作成

根治手術可）50％、胃がん（Ⅱ期）16％、といった数字が出ています。

そこで、見込み給付額を「50％割り増し」にして計算した表も作ってみます（図表13）。

「再発」を意識しないで表を見ると、先の試算例とさほど変わらない気がします。想像以上に、見込み給付額と保険料総額に差があるからでしょう。念のため、70歳という高齢で加入した場合の試算もしてみましょう（図表14）。

保険料は一生涯支払う「終

図表14 70歳で加入した場合

70歳加入	生涯罹患率(%)	見込み給付額(円)	保険料総額(円)
男性	63.6	636,000	3,296,256
女性	38.5	385,000	1,502,640

＊見込み給付額は100万円×生涯罹患率で算出
＊保険料は「終身払い」だが、平均余命まで払う想定で算出
出所：筆者作成

図表15 全員が再発し、200万円を受け取る場合

70歳加入	生涯罹患率(%)	見込み給付額(円)	保険料総額(円)
男性	63.6	1,272,000	3,296,256
女性	38.5	770,000	1,502,640

＊見込み給付額を200万円×生涯罹患率で算出
出所：筆者作成

身払い」なので、保険料の総額は平均余命まで生きる想定で計算しています。結果はご覧のとおりです。

がんにかかった人の全員が再発し、200万円を受け取るという非現実的な想定でも、見込み給付額は保険料総額には遠く及びません（図表15）。

なお、給付額の評価には、保険料との比較以外にも注意が必要だと思います。

図表では、若い人ほど、保険料に対する見込み給付額の割合が高まっていますが、「割安」とは言い切れないと思うのです。

たとえば、30歳で加入した人が給

付金を受けとるのは、40～50年後になる可能性が高いからです。

数十年もの間には、お金の価値が変わるかもしれません。医療も変わるでしょう。仮に、通販で入手できる経口薬でがん治療が可能になれば、通院や入院を要件とする保障の価値はゼロに近くならないでしょうか。

ほかにも、高齢になる前に数百万円の貯蓄ができた場合、解約する可能性も考えられます。実際、㈳生命保険協会の「生命保険の動向」を見ると、個人保険の契約では例年、各社とも5％程度の解約・失効（保険料の未払いが続き、契約の効力が失われます）が発生しているので、契約が継続する可能性は10年でも60％程度、40年ともなると13％程度と試算できるのです。

このように、諸々の不確定要素を織り込むと、受け取るのが遠い将来になる可能性が高い100万円の価値は、額面より大きく割り引いて評価する必要があります。複数の保険数理の専門家も「これから払い続ける保険料と、遠い将来の給付額では、後者を必ず割り引いて評価しなければならない」と言います。

表を見る場合には、こうした視点も持っていただきたいと思います。

図表16 向こう10年の見込み給付額と保険料

男性	罹患率（％）	見込み給付額（円）	保険料総額（円）
20歳	0.3	3,000	222,600
30歳	0.6	6,000	330,240
40歳	1.6	16,000	506,160
50歳	5.4	54,000	820,200
60歳	16.2	162,000	1,371,960

女性	生涯罹患率（％）	見込み給付額（円）	保険料総額（円）
20歳	0.4	4,000	236,040
30歳	1.6	16,000	313,560
40歳	4.1	41,000	417,480
50歳	6.6	66,000	544,200
60歳	10.3	103,000	647,760

＊保険料は終身払いの場合
出所：FWD富士生命のサイトで試算

向こう10年ではどうか？

遠い将来の給付金の価値は怪しいことを考え、作ってみたのが次の表です。向こう10年の罹患率と保険料総額を比べています（図表16）。

初めての給付時以降、保険料の支払いが免除されるので、数万円程度の保険料を払った時点で、以降の保険料負担はゼロのまま、１００万円の給付金を複数回受け取る人もいるかもしれません。

しかし、そのようなケースも込みで保険料は設定されていて、全体で見ると、表のような結果になるのです。
「がんに備える」という文脈から離れると、「暴利が疑われる金融商品」に見えてこないでしょうか。

「がん保険」は保険会社に貢献する仕組み？

ここまで書いてきたような疑問を、各種媒体で発信していると、メディア関係者からも「後田さんは保険不要論者ですよね」と言われることがあります。大きな誤解です。私は、保険の存在意義を疑ったことは一度もありません。

国の健康保険・介護保険・年金保険の保険料を払い続けているのは、「助け合い」だと認識しているからです。「損だ」と感じることもありません。

しかし、民間の保険は、会社側の取り分次第で、加入者同士の助け合いとは呼べなくなり、保険会社に貢献する仕組みのようになりかねないと思うのです。

がん保険の保険料設定については、「たとえば、がんの診断方法が進化することで給付金支払いが急増する可能性なども考慮されている。したがって、あくまで私見だが、保険料が割高だとは考えていない」と言う保険会社の人もいます。

たしかに、診断方法の進化などは無視できないだろうと想像します。一方で「ちゃんとした根拠があるのなら、保険料の内訳を開示したらいいだけのことだ」とも感じます。（以下、仮の数字ですが）代理店手数料率が20％、給付見込みの割り増し部分が30％、といった情報を出して、一般の人の理解を求めたらいいと思うのです。

たとえば、アフラックの「がん保険がよくわかるサイト」を見ても、「がん保険の加入者のうち、何人に保険金が支払われているのか」「保険料の何％が給付に回っているのか」「保険会社の経費や収益になるお金はどれくらいあるのか」といったことは、一切わかりません。サイトの名称がブラックなジョークのように感じられるくらいです。

ひょっとしたら、保険会社の人たちは「多くの人が、何かあった時のことを考えると不安になり、『保険料は安心料』などと結論づけ、手数料等を不問に付す傾向がある」と認識していて、情報を開示しないのではないかと疑ってしまいます。

「保険は損得ではなく安心感」などと語る保険業界関係者には、ぜひ、商品やサービスの「透明性」がもたらす安心感についても想像してみてほしいと思います。

「正直、病名別に保険が存在する理由がわからないのです」（商品設計の専門家）

本章の最後に、長年、保険会社でがん保険などの商品設計に関わってきた専門家の言葉をご紹介しておきます。

「ご存じのとおり、健康保険には『高額療養費制度』があり、一般的な収入の方だと、1カ月の医療費は9万円程度におさまります。健康保険が適用される医療を受ける限り、どんな病気でも自己負担額の上限は9万円くらいなのです。それなのになぜ、がん、三大疾病、七大疾病、成人病、女性疾病など病名別に保険の商品があるのか？　正直、僕にはさっぱりわからないんです」

この方は、友人や知人から「がん保険や医療保険に加入したほうがいいのか？」と尋ねられても「健康保険だけでいい。特に定年後などに民間の保険に入ると保険料が高くついて仕方がない。僕も健康保険だけ加入していて、自社の保険には入っていない」と返答しているそうです。

「そもそも、『がん保険』の市場があるのは日本と韓国くらいですよ」という発言が出た時には、数年前、大手生保の海外支社に勤務していた方に「アメリカでは『がん保険』の話が通じません。アフラックは田舎の地味な会社なのです」とお聞きしたことも思い出しました。

「海外では知られていないのに、日本人が加入したがるのはおかしい」と言うつもりはありません。「がん保険」に限らず、商品の認知度は広告宣伝活動などにも影響されるはずだからです。「海外の人たちが優良品を知らないままなのは残念だ」と感じられる例もあるでしょう。

それでも、がん保険にまつわる、興味深い発言を紹介したのは、まさに広告宣伝活動などの影響で、がん保険に加入する人が多いのではないか、と思っているからです。

言うまでもなく、広告宣伝費はお客様の保険料で賄われています。私は、「保険に加入すると『わざわざ自分からお金を払って、長年、あの手この手で不安をあおってもらう』ことにもなるのではないか」といった視点も持っていたいと思います。

本章のまとめ

❶ がん保険は、見込み給付額と保険料を比較すると、「競馬」や「宝くじ」より不利な賭けとみられる

❷ 保険会社には、不安喚起情報ばかりでなく、給付見込みや会社側の取り分など「商品性を冷静に評価できる」情報を提供してほしい

❸「健康保険」の保障内容から、「病名別に保険商品が存在する意味がわからない」と語る保険商品設計の専門家もいる

第3章

「貯蓄性」がある保険の損得

本章では、貯蓄性が売りになっている保険の損得を考えます。「子どもが生まれたら学資保険」「老後資金準備には個人年金保険」といった選択に疑問があるからです。

実は、本書を書くために、保険数理の専門家に私見を確認しながら痛感したのは「保険会社の営業部門では、まっとうな金融教育が行われていない」ということです。営業担当者などから消費者に伝えられる情報が怪しげなものになるのも当然かもしれません。

損得を教えてくれるのは「将来の（不確かな）プラス」ではなく「契約直後の（確かな）マイナス」なのです。以下、Q＆A形式でまとめました。

Q 預金ではお金が増えないし、投資は怖いです。保険だったら、将来受け取るお金の額が決まっているから安心ではないでしょうか。

A 安心してお金を増やせる方法は誰も知りません。保険は、手数料等が高く、積立や運用に回るお金が少ないのでおすすめしません。

お気持ちはわかるのです。私も預金金利には不満がありますし、投資の成果はあてにできない、と考えることにしています。

ただ、そもそも「安全かつ確実に、大きくお金を増やせる方法」があるでしょうか。仮にあったとしても、一般の個人には案内されないと思います。「あなたの100万円を110万円にします」と個人を口説く暇があるなら、「御社の10兆円を11兆円にします」と優良企業などに掛け合うほうが、断然、大きな成果を得られるはずだからです。

このように考えると、金融機関がわざわざ営業担当者や代理店に報酬を払って、個人に案内する金融商品は「ほとんどハズレに違いない」と思えるのです。

「将来受け取るお金の額が決まっている」保険（「定額保険」と呼びます）も、例外ではありません。

保険会社は、定額保険では、主に長期の債券で保険料を運用します。円建ての保険では国債を中心に買うわけです。

この類の用語になじみがない方は、「債券＝借用証」と認識してください。国が発行する債券が国債で、企業が発行すると社債です。なお、日本で長期金利というと、10年満期の国債の金利（利率）を指すことが多いです。

1990年代半ば以降、保険会社は長期金利が下がるにつれ、貯蓄商品の保険料を値上げしています。近年は貯蓄商品の販売をやめる会社も出てきました。「お金を増やすのが難しくなった」と判断しているのです。

つまり、大半の保険の貯蓄商品におけるお金の増え方は、国債の金利次第であって、保険会社が特別な運用のノウハウを持っているわけではないのです。

しかも、他の金融商品より営業担当者や代理店に支払う手数料が高いのです。つまり「積み立てや運用に回るお金が少ない状況で、普通の運用を行う」のですから、成果があがりにくいのです。

また「将来の受取額が現時点で決まっていることが本当に良いことなのか?」とも考えてみたいと思います。

たとえば、消費税率などが上がると、同じ額面のお金でも「購買力」は下がります。2000年代の保険のように、低い金利で将来の払戻額が決められている場合、金利の上昇や貨幣価値の変動に対応できないリスクも高いのです。

金利や貨幣価値の動向は誰にも予測できません。私たちにできるのは、手数料のように「確実に発生するマイナス」を避けることに違いありません。これからは「保険での貯蓄は不利」と認識してください。

Q 手数料が高いことは知りませんでした。でも、営業の人は「毎月余ったお金を貯めるのは難しい。保険は、毎月、定額の保険料を給与や口座から引くので、いつのまにかお金が貯まる。生命保険料控除もあり、長期的には預金より有利」と言います。ダメなのでしょうか？

A 恥ずかしながら、営業マン時代の私も同じ説明をしていました。ただ、「長期的には有利」という評価に無理があるのです。

まず、強制的な積立は、給与が振り込まれる口座から別口座へ定額を振り替える仕組みなどを利用すると、保険でなくても可能です。

次に生命保険料控除により税金が安くなるのは事実です。とはいえ、それは「ポイント還元」のようなものでしょう。ポイント還元の有無や還元率の多寡以前に「そもそも有用な買い物なのか」が重要です。

先に書いたように、保険では販売手数料等が高いので、税軽減額を考慮しても、一定期間、元本割れが続きます。「長期的には預金より有利」と言いますが、「長距離走であれば、スタート時点で派手に転倒して、大きく出遅れてもいいのか？」と考えましょう。

繰り返しになりますが、保険会社の人たちは特別な運用法を持っていません。そうであれば、自己資金が大きく減った状態から積み立てや運用が始まる分、不利に決まっています。

そもそも「預金より有利」という説明が間違いなのです。リスクが違うからです。預金はいつお金を引き出しても元本割れしませんが、保険には中途解約時の元本割れリスクがあります。

「解約控除」という仕組みをご存じでしょうか？　契約初期に代理店などに高額の手数料を支払うため、通常10年間、解約時に「お客様の積立金から回収できていない経費を引く」のです。

数年前、携帯電話の解約で「2年縛り」が話題になりましたが、保険では「10年縛り」があるわけです。

そもそも、契約初期の手数料を厚くしているのは、営業部門の動機づけを強くしたい保険会社の都合であるにもかかわらず、ツケを払うのは加入者なのです。

「使う予定がないお金なら、10年以上、寝かせておけばいい」と言う人もいますが、2020年のコロナ禍では、収入減などから加入後1～2年での解約を余儀なくされる人たちもいました。

前章に書いたように、個人保険の解約・失効率は例年5％前後、個人年金保険では3％前後で推移しています（図表17）。この図表のように、ある年に100件の契約があり、解約等が毎年3％発生する場合でも、10年後に継続している契約は3割近く減る計算です。

したがって、中途解約時に「損が出る可能性」を無視して「預金より有利」とみるのは、かなり無理筋なのです。

さらに、元本割れが解消される時点の保険料の払い戻し率について、たとえば「20年後には返戻率100％を超え、30年後には110％、預金より増えます」といった説明もアウトです。

やはり前章に書きましたが、将来のお金の価値は、貨幣価値の変動等、諸々の不確実な要素を加味して、割り引いて評価しなければならないからです。「将来の100％は必ず100％未満と見る」のが金融の常識なのです。

保険の営業部門で、この常識が浸透していないのは、「知ってしまったら売れなくなる」

図表17 契約が継続する可能性

経過年数	解約・失効率	
	3.0％	5.0％
1	97.0	95.0
5	85.9	77.4
10	73.7	59.9
15	63.3	46.3
20	54.4	35.9
25	46.7	27.8
30	40.1	21.5

出所：筆者作成

からではないかと思います。

Q 子供が生まれるので「学資保険」に入っておいたほうが良いのかなと思っています。おすすめがあれば教えてください。

A 学資保険に入るのは、とても危険だと思います。

保険業界では「学資保険」のことを「ドアノック商品」と呼んでいます。他の商品を販売するきっかけを作るために販売されているのです。

事実、学資保険自体は、営業担当者も保険会社もそれほど収益が見込める商品ではありません。私が知る限り、代理店手数料率なども最低水準です。

「だからこそ、学資保険は検討しないほうがいい」と私は思います。学資保険の契約だけで終わらない可能性が高いからです。

実際、保険ショップに学資保険を選びに行って、医療保険から老後資金準備のための保険まで、年間保険料100万円を超える契約を結ばされた人もいるのです。

販売側からすると「学資保険を売るだけではやっていけない」ので、「学資保険も良いと思いますが……」と言いながら、他の保険をすすめる展開に持ち込むわけです。

もとより、学資保険で用意できるのは進学資金であって、それは子育てにかかるお金のごく一部でしかありません。17〜18年後に１００万〜３００万円くらいの満期金があるプランを、出産直後に厳選するというのもおかしな話でしょう。

「子供が生まれた後、収入が急増するわけでもない」と常識で考えれば、学資保険選びより優先すべきなのは、出費の見直しです。特に、保険の利用を必要最小限にとどめることの効果は大きなものがあります。

今どきの学資保険のお金の増え方は、18年間、お金を積み立てても18年後の払戻率は１０３％程度です。

１００万円積み立てても１０３万円です。加入時から満期まで顧客リストに載り続け、営業攻勢に遭うリスクなどに見合うとは思えません。「子供が生まれたら学資保険」といった認識は、過去のものにしたいと思います。

Q 老後資金準備には、やはり「個人年金保険」がいいのでしょうか?

A 「お金の使い道によって、ふさわしい商品がある」と考えないほうが良いでしょう。

「好きな言葉ではありませんが、個人年金保険は『情報弱者』が加入する保険だと思います。記事にはとても書けないですけど」

ある媒体の記者の方の言葉です。個人年金という商品名から「老後資金準備に最適」などと短絡的に考えてしまう人がいることを残念に思われたのです。

私も個人年金保険は検討に値しないと思います。たとえば、住友生命の「たのしみワンダフル」に、30歳男性が加入し60歳まで保険料を払い、5年間据え置いて一括で受け取る場合の払戻率は104・3%です。元本割れ期間は23年続きます。

老後資金といったテーマから離れ、次のような提案を想像してみるといいでしょう。「30年間、総額1000万円を、毎月分割して貸してください。35年後に1043000円にして返します。ただし、23年間は、いつ返金を求められてもそれまで借りたお金の総額を下回るお金しか返せません」

「本気で言っているのか?」と感じないでしょうか。

長期間、自己資金が拘束される仕組みであることを承知のうえで「個人年金保険」を検討するのであれば、「確定拠出年金」を利用するほうが、節税効果なども大きく、断然、おすすめです（自営業の人なら「国民年金基金」を利用する手もあります）。

これらの制度を利用した後、生命保険料控除目的での加入はありかもしれませんが、中途解約リスクや、他の保険への加入をすすめられるリスクには見合わないように思います。

Q かんぽ生命で「養老保険」に入っています。やめておいたほうがいいのでしょうか？

A かんぽ生命に限らず、貯蓄目的での利用は考えられません。

「養老保険」の仕組みは序章で図示したとおりです。一定期間の死亡保険金と同額の満期金があります。

したがって、貯蓄目的で案内される場合、「死亡保障にかかる費用が発生する分、貯蓄に回るお金が減るのだから、まったく検討に値しない」と判断するだけです。

なお、加入中の保険については、1990年代半ばくらいまでの契約であれば継続したほうが良いことが多いです。積み立て部分の利率が高かった時期だからです。

俗にいう「お宝契約」です。「個人年金保険」「終身保険」などでも、お金が増えやすい契約になっている可能性大です。ただし、入院特約などを付加している場合、当時の契約でも元本割れすることがありますから確認が必要です。

Q 「終身保険」は、一生涯の死亡保障があり、解約するとまとまったお金が戻ってきます。これだと「損をしない」と思いますが、どうでしょうか?

A 私も長い間、「終身保険最強論」者でした。しかし、間違いでした。保障部分と積み立て部分について、個々に考えてみると面白いかもしれません。

一生涯の死亡保障がある「終身保険」の仕組みは養老保険と同じです。したがって、養老保険同様、「死亡保障のための費用が、貯蓄性を下げる」と見るだけです。

ところが、序章に書いたような仕組みを説明しても「納得がいかない」と言う人たちもいます。「老後に解約したら、保険料の大半が戻ってくるのだから、保障はタダで持てるようなものだ。やはり、これほど有利な契約はない」といった反論があるのです。

図表18　終身保険の構造

①一般的な仕組み図

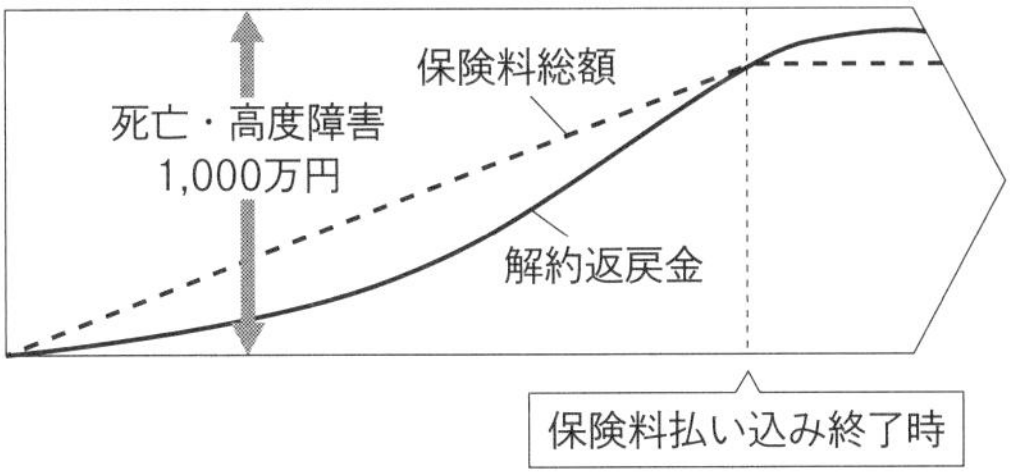

＊解約返戻金が保険料総額を上回る時期は、契約により異なる

②解約返戻金の曲線に沿って分解すると……

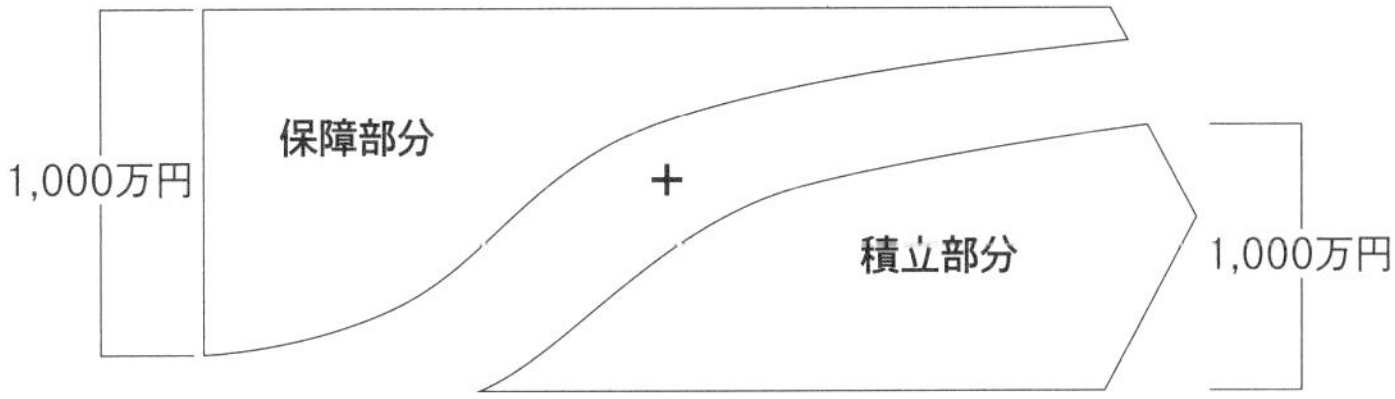

そこで、おすすめなのが、保障部分と積み立て部分を個別に評価することです（図表18）。

死亡保険金額が1000万円の終身保険ならば、保障部分は「100歳超の満期時まで、1000万円から保険金額が徐々にゼロに近づいていく保険」に加入することになります。

通常、100歳過ぎまで死亡保障が必要な人は少ないと思います。仮に保障が必要な場合、たとえば相続対策に利用するのであれば、100歳を超えても、保障額は減らないほうがいいはずです。

したがって、保障部分を「死亡保険」として評価すると「使い勝手が悪い保険」だと思えます。

いっぽう、積み立て部分は、何度でも言いますが「手数料の分、大幅なマイナスから運用が始まる」のです。終身保険では、契約初年度の代理店手数料が年間保険料の50〜60%に達する例が珍しくありません。

仮に、手数料率60%であれば、運用期間が30年間で初年度以外に費用が一切かからないという非現実的な想定でも、毎年2%の費用が発生する計算なのです。

貯蓄商品として評価すると「誰のために、何のために存在するのか、わからない」と思えます。

個々に見ると、どちらも「入りたい」とは思えないでしょう。まして「保険金額と満期金額を同じにして、同時に入りたい」と思う人はいないでしょう。ところが、「一生涯、保障が続き、老後に解約したら保険料を上回る返戻金がもらえる」などと語られると、「損をしない保険がある」と評価が一変してしまうのです。

私も含めて、人はあまり賢くないのだと感じます。「保険料相当額の払戻金があるから、保障はタダみたいなもの」という評価などが、その典型だと感じます。

払戻金は「さんざん手数料等を引かれた後の自分のお金」です。もっと有利な、もっと損が少ない選択肢があったはずなのに、「運用の機会を奪われたお金」とも言えます。

また「人は必ず死ぬ、いつか、保険料総額を上回る死亡保険金が支払われるから、やはり損をしない」という見方も疑問です。

遠い将来になるほど、「死亡保険金の大半＝積み立て部分のお金」になるからです。くどいようですが、それは、手数料等をたっぷり引かれた後の「自分のお金」なのです。

「終身保険が『損をしない契約』のように感じられるのは、損をしない契約があればいい、という願望が強いからではないか」。これが、終身保険について、私が出した結論です。

そんなわけで終身保険が有用なのは、相続対策くらいだと思います。１００歳超になっても保険金額が減らないからです。貯蓄目的での加入は考えられません。

６～７年前、本書の旧版を書く際、お会いした保険商品設計の専門家に「営業マンが『終身保険なら損しない』とか『長期の払戻率は預金を上回る』という説明に疑問を持っていないとしたら信じ難い」と驚かれたことも付記しておきます。

特に印象に残っているのは「無から有は生まれません」という言葉です。当時も今も、終身保険は手数料が高い保険です。保険会社も儲かるので高い手数料を払っている、つまり、顧客は「手数料の分、損をする」ということだったのです。

Q 『外貨建て保険』は円建ての保険より金利が高く、資産形成に役立つ」と営業の人に言われました。本当でしょうか？

A 手数料が高いので、営業の人の資産形成に役立つかもしれません。

メットライフ生命のサイトで「USドル建終身保険ドルスマートS」が紹介されているページには「USドル建てが選ばれる理由」が2つ挙げられています。

- 一般的に円建てに比べて積立利率が高いUSドル建ては、死亡保障や解約・減額時の解約返戻金（キャッシュバリュー）で受け取る金額で高い効果が期待できます。

 ※将来にわたって、日米の市場金利の動向を示唆するものではありません。

- 資産を円だけでなく、USドルと合わせて保有することで、将来の円安やインフレのリスクにも備えることができます。

どちらも、要注意です。

まず、ある外資系保険会社で商品設計に関わっている方は、「米ドルでも何でもいいですが、円より利率が高い通貨で運用してお金が増えても、長期的には『運用益は為替で調整されて、差し引きゼロになる』と認識しています」と言います。

米ドル建て保険の場合、保険料をアメリカの長期債券で運用しますが、証券会社の運用部門の人も「為替リスクがあるので『海外の債券で運用するからお金が増えやすい』とか、そんな恐ろしいことは言えない」と笑います。

これが金融の常識です。保険会社の人たちも知っているに違いありません。本章の最初のQ&Aに書いたように、保険会社は、円の長期金利が下がると「お金が増えにくい環境になった」と見て、貯蓄商品の保険料の値上げを繰り返しているからです。販売をやめる会社もあるのです。

「円の長期金利が下がっても、外貨で運用したら大丈夫」とは考えておらず、「利率が高い外貨でお金を運用しても、確実にお金が増えるわけではない」と認識している何よりの証拠でしょう。

ただ、営業部門では、このような金融の常識が教えられていないのです。販売促進につながらない情報だからでしょう。

２点目の、資産を円だけでなく、ＵＳドルなどの外貨と合わせて保有する意義は、私も認めます。ただし「外貨建て保険」では保有したくありません。手数料が高いからです。代理店などの口座に入るお金が、積み立てや運用に回ることはありませんから、感心しない商品を買って、彼らの資産形成に貢献することになります。それは、バカバカしいと感じるのです。

もちろん「解約控除」もあります。したがって「極めて不利な外国債券投資」をすることになると認識しているのです。

実は、貯蓄商品として「外貨建て保険」を評価するのは簡単です。利率など一切見る必要はありません。「加入から1年後の解約返戻率（保険料の払い戻し率）」を見るだけです。

1年後の払い戻し率が低いほど、契約初期に代理店などに支払われる手数料が多いと考えられるからです。月払いや年払いで保険料を積み立てる契約の場合、メットライフ、プルデンシャル、ジブラルタなどの商品では、0％のこともあります。

利率が高くても、1年間は、積み立てや運用に回るお金がほとんどない、とみられるのです。「お金が増えやすいわけがない」と即断できるでしょう。

加入後に手数料が発生するのは「確かなこと」です。いっぽう、将来の返戻率は「不確かなこと」です。

図表19は、保険相談にいらしたお客様が、ある外資系保険会社からすすめられていたプラ

図表19 外資系保険会社のプランの例

A 30歳男性が一定額を「月払い」契約で積み立てる場合

経過年数(年)	保険料累計額(USドル)	解約払戻金(USドル)	払戻率%
1	1,398	85	6.0%
10	13,980	10,487	75.0%
20	27,960	23,915	85.5%
31	41,940	60,021	143.1%
40	41,940	70,486	168.0%

B 40歳女性が加入時に約1000万円を払う「一時払い」契約の場合

経過年数(年)	保険料累計額(USドル)	解約払戻金(USドル)	払戻率%
1	91,576	81,514	88.6%
5	同上	90,990	98.9%
10	同上	103,408	112.4%
15	同上	116,522	126.6%

出所：筆者作成

ンの例です。

31年後の143・1%(A表)や15年後の126・6%(B表)といった返戻率は、円高になると大きく下がることもある「あてにならない数字」です。

いっぽう、1年後の払い戻し率は、Aの表で6%、Bの表で88・6%です。つまり、わかりやすく1ドル100円で計算すると、Aでは約14万円の保険料を払っても13万円強は手数料等に消えると見られるのです。

Bは、保険料を一括で支払う契約なので、円換算で1000万円を払った時点で114万円の手数料が引かれる計算です。

この方法は、すべての貯蓄商品に通用します。外貨建てに限らず、保険の場合、1年後の返戻率はマイナス数十%のことが多いでしょう。試しに、各社のサイトを見ても、貯蓄性が語られる保険の仕組み図や説明に、加入後1年で解約した場合の払い戻し率は、まず出ていません。

「短期解約を前提としない商品だ」という理由（言い訳？）も考えられますが、単に都合が悪いからでしょう。ともあれ、設計書等で1年後の払い戻し率だけ確認したら、他の情報をチェックするのは、時間の無駄です。

「外貨建て保険」が検討に値するのは、「死亡保険金をどうしても外貨で受け取る必要がある」場合くらいなのです。

Q 『外貨建て保険』も金利が下がっている。これからは『変額保険』でお金を運用すると良い」とライフプランナーにすすめられています。投資の初心者にも向いているそうですが、投資信託などよりいいのでしょうか？

A 運用目的なら、投資信託を利用するほうが賢明です。初心者でも上級者でも「変額保険」での運用はダメです。

「変額保険」は、保険料を株式や債券を中心に運用します。しかし「運用がうまくいっても成果が出にくい」のです。

図表20は、アクサ生命のサイトにある「ユニット・リンク保険（有期型）」の運用実績シミュレーションをコピーしたものです（経過年数１年の数字が出ている貴重な例です）。

１年後の払い戻し額が、「入ってはいけない保険」であることを教えてくれます。１年分の保険料総額は24万円ですが、６％で運用できても３万円の払い戻ししかないのです。

運用に回るお金が少ない証拠です。やはり、手数料が高いからです。０％の運用実績の場合、保険料総額７２０万円に対し、満期金は５７７万円です。ということは、１４３万円が積み立て・運用に回らない計算です。払ったお金の20％が経費などになるとしたら、初心者

図表20　「ユニット・リンク保険（有期型）」の運用実績シミュレーション

＜契約例＞
30歳・男性／月払保険料：20,000円／基本保険金額：931万円／保険期間・保険料払込期間満了：30年満了／保険料払込方法：口座振替月払

2020年12月現在、単位：万円

経過年数		1年	5年	10年	20年	30年
年齢		31歳	35歳	40歳	50歳	60歳
払込保険料累計		24	120	240	480	720
死亡・高度障害保険金運用実績	-3%	931	931	931	931	931
	0%	931	931	931	931	931
	3%	931	931	931	931	931
	6%	931	931	931	931	1,589
払いもどし金運用実績	-3%	2	80	167	287	377*
	0%	2	88	194	385	577*
	3%	3	95	226	526	931*
	6%	3	104	264	735	1,589*

＊は満期金額
出所：アクサ生命

にも上級者にもすすめられないはずです。

ご質問のとおり、顧客のお金を株式や債券で運用し、成果を上げることをもくろむ金融商品としては、投資信託があります。諸費用が低い投資信託を利用すると、仮に0%の運用実績でも、1年後の払い戻し率は99・5%を超えます。経済評論家の山崎元さんが「変額保険は投資信託に劣る投資信託」とおっしゃっていたことを思い出しま

す。積極的な運用をしたいのであれば、保険より一桁手数料が少ない投資信託を利用するほうが賢明です。

「変額保険」に利用価値があるとしたら、相続対策くらいでしょう。死亡保険金の額が決まっている「定額保険」では、インフレに対応できなくなる可能性があるからです。定額保険にはない「変額終身保険」の場合、死亡保険金額が運用の成果によっては増えます。定額保険にはない利点です。ただし、増えやすいとまでは言えません。

図表20のように、最低保証額９３１万円の死亡・高度障害保険金の額は、20年間、６％で運用ができた場合（かなり楽観的なシミュレーションだと思います）でも増えていないからです。

それでも、死亡保険金額に最低保証額はありますし、保険金が増える可能性を評価して利用するのはありだと思います。

本章のまとめ

❶ 貯蓄性が語られる保険は、手数料が高く、積み立てや運用に回るお金が少ないので、資産形成には向かない

❷ 貯蓄性の評価は、加入から1年後に解約した場合の払戻金を確認するだけ。「払い戻し率が低い契約ほどダメ」と判断しよう

❸ 保険料を外貨や投資信託で運用する保険も、手数料等が高く「お金が増えにくい」と理解しよう

第4章

保険会社は「儲け過ぎ」!?

「人件費、広告宣伝費その他、保険会社は経費を使い過ぎではないか？　そのぶん、加入者に還元されるお金は少なくなっていて、自分も損をしているのではないか？」

本章では、そんな疑問にお答えします。結論から言うと、私も「もっと加入者に還元するお金を増やしてほしい」と感じています。

都道府県民共済、特に埼玉県民共済との比較から「明らかにおかしい」と考えられるからです。

「事業費率」といった言葉になじみがある人は少ないかもしれませんが、お伝えする内容は難しくありません。ぜひご確認ください。

「経費」を使い過ぎ!?

加入者が負担する保険料には、あらかじめ保険会社の経費になるお金（付加保険料と呼びます）が「見込み」で反映されています。

加入者側から見ると、経費を抑えている保険会社や商品が好ましいと考えられます。各種の給付金や満期金の支払いに向けられるお金が多くなると思われるからです。

しかし、現状、関連情報は、大半の会社で開示されていません。投資信託では、販売手数

図表21　第一生命グループの事業費の比較

	収入保険料	事業費	事業費率
第一生命	2兆3452億円	3985億円	17.0%
第一フロンティア生命	1兆1663億円	614億円	5.3%

出所：2019年度ディスクロージャー誌より筆者作成

料や運用時にかかる費用が開示されていて「費用が高い商品＝顧客が損をしやすい商品」と即断できることを思うと、ずいぶん不親切だと感じます。

仕方がないので、各社の決算情報から「保険料収入に占める事業費の割合（事業費率）」を調べてみました。

最初にお断りしておくと、事業費率は、販売されている商品の構成によって変わります。たとえば、一般個人向けの「医療保険」など、主に保障目的の商品を扱っている会社と、銀行窓口などで資産形成や運用目的の商品を中心に販売している会社では、事業費率が一桁違います。

第一生命グループの例を挙げておきましょう（図表21）。第一生命の２０１９年度の事業費率が17％であるのに対し、資産性商品に特化している第一フロンティア生命では５・３％と、第一生命の３分の１未満です。

保険会社で商品設計などに関わっている人たちに確認したところ「貯蓄商品の取り扱いが増えると事業費率は下がる」そうです。

図表22　アフラックと日本生命の事業費の比較

	収入保険料	事業費	事業費率
アフラック	1兆3657億円	3341億円	24.5%
日本生命	4兆5252億円	5987億円	13.2%

出所：2019年度ディスクロージャー誌より筆者作成

アフラックと日本生命を比べるとわかりやすいでしょう（図表22）。アフラックの事業費率24・5％に対して日本生命のそれは13・2％です。日本生命では、企業や業界団体向けの「団体年金保険」を扱っていることが影響しているようです。

貯蓄商品の扱いが増えると事業費率が下がるのは、保険料を上回る満期金や年金の払い戻しを約束する貯蓄商品では、保障目的の商品ほど、会社の取り分を大胆に抜くことができないからでしょう。

あえて「抜く」という言葉を使うのは、実例があるからです。明治安田生命のホームページにある契約例です。30歳男性が向こう10年間、3000万円の死亡保障を持つことができる「定期保険」の保険料は7380円となっています。

ところが、厚生労働省の第22回「生命表」にある男性の死亡率から、妥当な保険料は「1800円＋会社の経費と利益」と試算できるのです（30歳男性が向こう10年間に亡くなる確率は0・72％なので、3000万円の保障に必要なお金は、「3000万円×0・72％」で21万6000円、これを10年、120カ月の分割払いにすると１８００円です）。

こうした価格設定が通用するのは、今日、数千円の保険料を払っただけの加入者が、明日、急死して数千万円の保険金が支払われることもあるからかもしれません。

それにしても、保険料の約76％が同社の経費や利益になるとしたらどうでしょうか。保険に加入できる人の死亡率は厚生労働省のデータより低いはずですから、80％くらいが会社の取り分になるのかもしれません。

数年前、私がこのような試算例を提示した一文をある媒体に寄稿した際、編集部に明治安田生命から「保険料だけではなく、配当金や営業職員によるサービスも評価してほしい」と抗議があったそうです。それでも「計算がおかしい」とは言われなかったとのことです。

ちなみに同社の近年の個人向け保険での配当金額は２００億～３００億円で、４兆円近い経常収益に比べると微々たるものです。

「配当金といっても、さんざん経費を使ったりした後、残ったお金の一部に過ぎません」と言う保険数理の専門家がいることも付記しておきます。

この他に、日本生命の「定期保険」でも「保険料の約70％が会社の経費と利益になる」と試算できる例もあります。

したがって、取扱商品の違いによる影響を考えると、相対的に事業費率が低い保険会社であっても「良心的な運営がなされている」と見ることはできないのです。

（注：アフラックの決算資料では、事業費を保険料収入に資産運用益なども加えた経常収益で割って、事業費率を表記しています。ただ、本稿では都道府県民共済との比較で「保険料の還元率」を考えたいので、運用益などは含まない、保険料収入を分母に事業費率を計算しています）

「都道府県民共済」と比べると贅沢は明らか？

「保険会社は経費の使い過ぎではないか？」という疑問は、「都道府県民共済」（神奈川県は全国共済）の元請け団体である全国生協連との比較で、より大きくなります（図表23）。

表のように、全国生協連の2019年度事業経費（委託事務手数料＋連合会事務費）が保険会社の保険料にあたる掛け金収入の総額に占める割合は12・6％です。

全国生協連では貯蓄商品を取り扱っていませんから、貯蓄商品の扱いが少ないアフラックと比較すると、事業費の割合は半分くらいです。貯蓄商品が多い日本生命よりも低いのです。

さらに興味深いデータがあります（図表24）。時系列のデータです。表をご覧ください。

図表23　事業費の比較

	収入保険料	事業費	事業費率
アフラック	1兆3657億円	3341億円	24.5%
日本生命	4兆5252億円	5987億円	13.2%
全国生協連（都道府県民共済）	6401億円	806億円	12.6%

出所：2019年度ディスクロージャー誌より筆者作成

図表24　事業費率の変遷

	2001年	2010年	2019年
アフラック	23.9%	21.3%	24.5%
日本生命	10.9%	11.7%	13.2%
全国生協連（都道府県民共済）	19.3%	13.1%	12.6%

出所：2019年度ディスクロージャー誌より筆者作成

2001年以降、全国生協連の事業費率だけ、明らかに下がっています。

全国生協連を手放しで称賛する気はないのです。2015年の11・4％が最低で、その後、微増傾向にあるからです。新聞広告の効果が薄れるなか、広告宣伝手法の模索が続いていること、新たに事業を開始した県が4県あることなどが影響していると思われます。それでも、出費関連では、2014年と2019年に消費税率が上がり、2001年当時の5％から10％になっている事実も考慮すると、努力の跡がうかがえるのではないでしょうか。

一方、日本生命とアフラックに大き

な変化はありません。

複数の保険数理の専門家によると「事業費比率は販売手数料の多寡に左右される面が大きいが、内勤職員の給与等の固定費も含まれているため、一般に収入保険料が増えるとスケールメリットが働き、事業費率は下がる」そうです。

ところが、保険料（掛け金）収入を比べてみると、全国生協連は約6400億円で、アフラックの1兆4000億円弱、日本生命の4兆5000億円強より、一桁少ないのです。

保険会社には「事業費率を下げ、顧客に還元するお金を増やしたい」という思いがあるのでしょうか。

埼玉県民共済という模範例

スケールメリットを考えるとき、特に注目したいのが「埼玉県民共済」です。2019年度の掛け金収入（「新型・県民共済」「医療・生命共済」「生命共済」）に対する事業費の割合が4・9％だからです。

掛け金収入は420億円と日本生命の約100分の1、アフラックの30分の1に届かない規模でありながら、事業費の割合は一桁低いのです。

時系列で見ても1991年当時90万人の加入者数で15％超だった事業費率が、99年に165万人になった時点では6％台まで下がっています。加入者数が230万人を超えた2000年代後半からは4％台となっています。スケールメリットを生かした模範例でしょう。

たとえば、アフラックの場合、個人保険の保有契約件数は、2001年の1521万件から2019年には2447万件に増え、個人年金保険も含む保険料収入は7871億円から1兆3657億円まで増えています。しかし事業費率はさほど変わっていません。なぜでしょうか。

なお、同じ共済であるにもかかわらず、全国生協連の事業費率が埼玉県民共済より高くなっているのは構造的な理由からです。

全国生協連は、埼玉県民共済が生み出した共済制度を、全国展開するために結成された組織です。ただし、生協には地域または職域の範囲内で活動するという制限があるため、全国生協連は各地で直接事業を行うことができません。

そこで、各都道府県に生協（都道府県民共済）を設立してもらい、全国生協連の共済制度を委託販売する方式をとっています。その際、発生する委託事務手数料が事業費率を上げているのです。

図表25　大手生保　直近5年間の採用者数と在籍者数

	2015～2019採用	2014年末在籍	2019年末在籍	増減
日本	51,026	52,306	55,132	2,826
第一	37,744	42262	44,401	2,139
明治安田	28,231	30101	33,000	2,899
住友	26,547	31,006	32,206	1,200

出所：各社ディスクロージャー誌より

その点、埼玉県民共済は「自家共済」なので委託関連費用が生じません。加入者に仲介業者を通さずに産地直送の商品を提供できているようなイメージです。これが、全国生協連との事業費率の差の要因です。

人件費などの「無駄遣い」が過ぎる？

こうした事実を知ると、保険会社にはまだまだ事業費率を下げる余地がタップリあるだろうと思います。各保険会社は、「元請」の保険会社から委託されて販売を行っているわけではないからです。結局、無駄な経費が多いのではないでしょうか。

図表25は、2014年度末から2019年度末までの5年間の大手4社の営業職員の採用者数と在籍者数を調べたものです。5年間の採用者数と在籍者数の増加を比べると、人材が定着しにくいことがわかります。

図表26　苦情の発生件数比較（2019年度）

	日本	明治安田	プルデンシャル	アフラック	都道府県民共済
保有契約件数	3320万件	1236万件	417万件	2447万件	2144万件
営業職員数	5万5132人	3万3000人	5172人	11万129人	1360人
苦情件数	5万4173件	3万8085件	1万349件	7万9554件	2209件

＊保険会社の「保有契約件数」は個人保険と個人年金保険の合計。営業職員数は2020年3月末。
アフラックは営業職員ではなく生命保険契約募集人登録者数（同社の販売代理店数は9233店）
都道府県民共済の苦情件数には「火災共済」も含まれる。

固定給が少なく、新規契約獲得を高く評価する報酬体系のせいでしょう。当然ながら、営業職員の大量採用と大量離脱が繰り返される組織を支えるお金も、保険料に反映されるのです。明治安田生命は２０２２年度から営業職員の毎月の給与を全額固定給に切り替え、収入の安定を図るとのことですが、営業職員に依存する販売手法などについては何度でも合理性を問いたいと思います。

「お客様に寄り添える」はずが、苦情も多い

都道府県民共済にも、地域の家庭などを訪問する「普及職員」がいます。しかし、人員数は２０２０年３月末時点で１３６０人にとどまります。普及職員の数は事業費を抑える要因と思われる一方で、アフターフォローなどが行き届かない可能性も考えられます。そこで「苦情」の発生件数を調べてみました。

結果は図表26のとおりです。都道府県民共済は苦情も桁違いに少ないのです（2019年度だけに見られる傾向ではありません）。

明治安田生命について調べてみたのは、近年の広告で「『生命保険の真の価値』は長期にわたる継続的なサービスの積み重ね、『アフターフォロー』にあると考えています（中略）『アフターフォロー』で保険を変えたい」と発信していたからです。

プルデンシャル生命も、同社のライフプランナーが「契約後も『生涯のパートナー』として、終生にわたるパーソナルなサービスを提供する」ことを、サイト等でアピールしているので、調べてみました。

ちなみに、苦情の内訳を見ると、日本・明治安田・プルデンシャルの3社ともに、契約後の手続きなど「保全」活動が占める割合が30％を超え、最も高くなっています。アフラックも保全関係が25・8％と、新契約関係の28・3％に次いで2番目に多くなっています。

昔も今も保険業界では対面販売が主流で、担当者によるアフターフォローの重要性も語られ続けている感がありますが「本当に顧客のためになっているのだろうか」と考えさせられます。

保険料の「還元率」は、ネット生保でも55％！

事業費を抑え、わかりやすい商品を提供するビジネスモデルというと、インターネットで保険を販売している会社が気になる人もいるかもしれません。しかし、序章で触れたライフネット生命の例もあります。

会社専属の営業集団を抱えていない事実から「経費を抑えた運営が可能になる」と考えられますが、2019年度の決算情報では、給付に使われるお金は保険料の55％となっていました。仮に経費が抑えられても、保険金支払いを高めに見込んでおくことで余るお金が多いと、加入者に還元されるお金は増えないのです。

そもそも経費や保険金支払い等の「見込み」をもとに保険料が設定される限り、剰余金（見込みと実績の差額）が発生するのは当然だろうと思います。そこで注目したいのが、保険料の「還元率」です。2019年度のライフネット生命の場合は55％ですから、「不測の事態に備える」という文脈から離れると、「宝くじに近い不利な仕組み」に見えてきます。

2019年度のアフラックの場合も、似たようなものかと感じます。保険金支払いを高めに見込むことで生じる危険差益が1988億円、事業費についても差益が804億円、さらに運用益でも471億円の差益が出ているからです。

危険差益だけでも保険料収入の約15％に達します。事業費率が約25％だったことから、還元率は高くても60％程度？　といった疑問も生まれます。本章の初めに触れたように、貯蓄商品に10％単位の事業費などを反映させるのは難しいので、医療保険やがん保険の保険料に含まれる事業費の割合は25％を超えるのではないでしょうか。

そうすると、保障目的の商品における還元率はせいぜい50％台？　と思えてくるのです。こうした推察は、保険会社にとっては迷惑なことでしょう。私自身、単年度のデータを用いた推計はかなり大雑把なもの、と認識しています。

常識で考えても、保障目的の保険では、加入者も年を取るので、発売から経過年数が長い商品で給付が増え、発売直後などの商品では少ないと思われます。他社との競争が激しい分野の商品と、そうでない商品では、代理店手数料などの割合が異なることもありそうです。

したがって「さまざまな商品のデータが混在した数字を、ある年度で切り取った推計は誤解を招くかもしれない」とも思うのです。

とはいえ、保険会社は「保険は相互扶助」と定義しています。生命保険料控除のような制度があるのも、公的な役割を認められているからでしょう。

商品設計の専門家によると、金融庁に商品の認可を受ける際、「保険会社にとって、どれくらい余裕がある保険料設定になっているのか」説明を求められるのだそうです。

実際、金融庁のホームページで「保険商品審査事例集」を見ると、給付金支払い見込みに関して、過去のデータなどをもとに議論がなされていることがうかがえます。具体的な数字があるのなら、助け合いに参加する人たちと共有し、「お金の使われ方」がわかるようにするのが筋ではないでしょうか。「もとはと言えば誰のお金なのか？」と考えてみてほしいのです。

都道府県民共済では、毎年、給付金を支払った後、剰余金の90％超を割戻金として加入者に返還していて、主力である総合保障型・入院保障型の過去5年の掛け金の還元率は84～85％となっています。

2019年度の埼玉県民共済の還元率は96・4％にも達しています。全国生協連のサイトでは、こうした数字を誰でも確認できるのです。

1年更新の保障を提供している都道府県民共済とは違い、長期契約が基本の生保では実績ベースの還元率の開示は不可能でしょう。だからこそ、見込みの数字であっても情報を開示し、消費者の判断を助けてほしいと思います。

「保険会社の人が入る保険＝加入者の損が最も少ない保険」という事実

保険料の「還元率」やお金の流れの「透明性」について考えていると、あらためて「理想

図表27　団体保険（イメージ）

単位：円

	保険料（男性）							
死亡保険金額	16～35歳	36～40歳	41～45歳	46～50歳	51～55歳	56～60歳	61～65歳	66～70歳
1000万円	750	950	1,250	1,750	2,550	3,650	5,500	8,000
2000万円	1,500	1,900	2,500	3,500	5,100	7,300	11,000	16,000
3000万円	2,250	2,850	3,750	5,250	7,650	10,950	16,500	24,000
4000万円	3,000	3,800	5,000	7,000	10,200	14,600	22,000	32,000
5000万円	3,750	4,750	6,250	8,750	12,750	18,250	27,500	40,000

出所：筆者作成

的だ」と感じる保険があります。保険会社で働く人たちが好んで加入する「団体保険」です。

保険をよく知る人たちが利用するからといって難しいわけではありません。むしろ、保障内容は単純明快です。特約などもほとんどありません。

一定期間の死亡保障・入院保障・長期休業補償などを持てる商品が掲載された、申込書付きのパンフレットを見て、各自、加入の是非を判断するだけです。販売員による対面での説明やアフターフォローを前提としていないのです。

愛用者が多いのは、1000万円単位の死亡保障のような、自己資金では対応が難しい額のお金を用意する際、保険料が安いからです。

図表27をご覧ください。「子供が自立するまでの間、あるいは現役の間、自分に万が一のこ

とがあった場合、家族にいくら残したいか」といったことを考えてコースを選ぶだけなのです。

図表27の料金は、ある大手企業グループの団体保険を参考に入力した仮の数字です。アフターフォローの重要性を語る大手生保が、保険の引き受けを行っている点も興味深いことだと思います。

同じ保障内容の一般個人向け商品と比べると、かなり安く感じられますが、もっと安い企業グループもあります。毎年、決算後に余ったお金は払い戻しされるので、実質的な保険料はさらに安くなります。剰余金の払い戻し率は、団体の年齢構成などにもよりますが、30〜50％台のところが多いようです。

このような説明をすると「一般個人向けに販売されている保険と『団体保険』との比較には無理がある」と言う保険会社の人もいます。会社の費用で定期健診を行っている優良企業の社員などを対象にした保険と、さまざまな職業や収入の人がいて、健康面に不安がある人ほど自発的に加入する傾向がある一般向けの保険では、後者の給付金支払いが多くなりやすいからです。

たしかに、保障を提供している集団により、給付金や剰余金の額などは変わるでしょう。ただ、それを言うなら、都道府県民共済も、広く一般個人向けに募集されています。

たとえば都民共済なら、東京都に住んでいるか、東京都で働いている人であれば、200円の出資金を払い組合員になると加入できます。掛け金2000円のコースが売れ筋ですから、中小企業などに勤務している加入者も相当数いるのではないでしょうか。

保険会社の人たちが、保険料の還元率が高い「団体保険」を愛用する事実は、一般の人にとって、さまざまな商品情報などより、重要だと思います。

「団体保険」が安価なのは、経費がかかっていないからです。派手な広告・宣伝が行われていませんし、朝礼等で資料を配布する程度の活動で、加入者を集めているので、営業担当者や代理店に払う手数料も抑えられています。それは、「加入者の損が最も少ない保険」と言えるでしょう。

視点を変えれば、一般の個人に、特約等が多く、対面での説明が不可欠な商品が提供されているのは、営業担当者や代理店に要するコストを回収したうえで、収益を出すことが前提になっているからかもしれません。「いったい、誰のために商品やサービスがあるのか？」という疑問が浮かぶのです。

いずれにしても、保険会社の人たちが団体保険に加入していることを知ると、一般の人の判断も簡単になります。保険料の安さ、還元率の高さ、保障内容やお金の流れのわかりやすさを重視し、難解な商品などは検討しなくていいのです。

本章のまとめ

❶ 保険会社の保険料収入に占める事業費の割合を、全国生協連と比べると、顧客本位の運営がなされているとは考えにくい

❷ 現状、最も好ましく感じられるのは、埼玉県民共済の掛け金収入の「還元率」の高さである

❸ 保険会社の人たちが愛用する「団体保険」は、加入者の損が少ない保険の好例だ

第5章

セールストーク、キャッチコピーの突っ込みどころ

本章では、セールストークやCM、キャッチコピーなどの受けとめ方を考えます。意識したいのは、

1　ストーリー性
2　不確実性
3　緊急性

の3点です。

「ストーリー性」は、商品案内などの「前提」や「論法」を問います。無理があるものが多いので、高い頻度で使えます。

「不確実性」は、情報を「確かなこと」と「不確かなこと」に分ける視点です。不確かなことが、保険加入のメリットであるかのように語られていることが珍しくないからです。

「緊急性」は、「今日・明日にでも必要になるかもしれないお金で、保険でしか用意できない額なのか？」を問います。

この3点に留意すると、大半の情報は無視できます。

以下、商品関連でなじみがあるコピーから取りあげていきます。

「保険料はずっと変わりません」

「保険料はずっと変わりません（更新時に値上がりしません）」

保険には、10年といった一定期間の保障がある「定期」型と、保障が一生涯続く「終身」型があり、市場では「終身」が人気です。「定期」は契約更新時に保険料が値上がりするため、敬遠されがちなのです。

保険料の値上がりを嫌う気持ちはわかります。しかし、「不確実性」を問う必要も感じます。

前章までに触れたとおり、「個人保険」の解約・失効率は、例年５％程度で推移しているので、ある契約が10年続く可能性は約60％、20年ともなると36％まで下がると試算できるからです。

したがって、定期については、更新時に値上がりを繰り返す可能性を疑いつつ「更新時の対応は『緊急性』も低いし、とりあえず10年、最新の保障を安く持てる」という見方もありだと思います。

また、ある保険会社の人は「保険料の値上がりを受け入れて更新する人は、新しい保険に

『入り直し』ができない健康状態になっている可能性も無視できない」と言います。

つまり、仮に不本意であっても、保険料の値上がりを受け入れ、契約を更新する場合、保険料は、更新後に各種給付金を受け取る確率に対し、「割安」になっているかもしれないのです。

そもそも、保険は「入るほど損」なのですから、長く利用するより期間限定で利用するほうが正解です。「保険料の値上がり」を気にするあまり、終身保障を優先するのは本末転倒でしょう。

「一生涯の保障が安心です」

終身型の保険における「一生涯の保障だから安心」という説明は、人の願望、特に「老後こそ保険で安心したい」といった切実な願望になじむものでしょう。

しかし、「願望に応える商品＝優良品」とはなりません。ストーリーに無理があるのです。

まず、常識で考えて、入院する人などが増える老後の保障を、手ごろな保険料で得られるわけがありません。

また、「加入時の契約内容がずっと変わらない」点も問題です。

たとえば、１９８９年以前に「がん保険」に加入していた人が、２０００年代に「がん」に罹った時、「給付金が1円も出なかった」例があります。

１９８０年代までの「がん保険」は、長期入院と死亡の保障が手厚く、診断時に１００万円程度の給付金が支払われる契約は、まだ一般的ではありませんでした。そのため、医療環境が変わり、通院治療で済むようになったケースでは「使えない契約」になっていたのです。

もとより、保険の評価には人の願望がまじりやすいと感じます。誰しも「一生涯、ずっと通用する保障がほしい」「自分が入る（あるいは入っている）保険は、いつまでも変わらない価値がある」と信じていたいかもしれません。

だからこそ「一生涯の保障が安心」という広告のコピーは、疑ってかかる必要があるのです。

さらに、現役世代にとって、老後の保障は「緊急性」が下がります。「現時点で数十年後のリスクに正しく備えるのは難しいはずだ」と、冷静に判断してほしいと思います。

「持病があっても入れる保険です」

「持病があっても入れる保険です」

「過去の病気で保険に入るのをあきらめていませんか?」

「引き受け基準緩和型」と呼ばれる保険のコピーです。「保険加入は目的ではない。ストーリーが非合理的」と判断したい例です。

通常の保険に加入できない健康状態の人に、手ごろな保険料で手厚い保障が提供されるだろうか?と考えましょう。

たとえば、オリックス生命の医療保険「CURE Support Plus（キュア・サポート・プラス）」に、60歳男性が加入する場合、入院日額1万円、手術給付金10万円（入院中）・5万円（外来）、先進医療給付金・一時金ありのプランで、年間保険料は約12万円に達します。

保険数理の専門家によると、医療保険の保険料には保険会社の運営費が30%くらい含まれているそうです。さらに、給付額を高めに見込んでおくことで余るお金もありますから、専用口座に約12万円入金すると4万円ほどの手数料が引かれるイメージです。

通常の保険より、加入者が給付を受ける機会が増えるとしても、その確率は保険料に反映されているのです。医療費の負担などが気になる人は、お金のことを心配しているのですから、何度でも「専用口座から数十%も引かれ続ける手数料」について想像してみてほしいと思います。もちろん「手数料がわからない時点でアウト」と見ても構いません。

ある外資系保険会社の人から「この類の保険は、60歳以上の人の加入が多く、相対的に中途解約率が高い」という情報が提供されたことも付記しておきます。

私たちはすでに「持病があっても一生涯保障が続く『健康保険』」に加入しています。持病などがある人にとって、これほど心強い保険はないという認識でいいはずなのです。

「一生涯の保障が安心」「持病があっても入れる」といったコピーは、「他人事とは思えないリスク」を提示されると、保険加入を検討したくなる人が多い、という認識に基づいているのかもしれません。

次の2つもそんな例です。

「2人に1人ががんに罹る時代、がんは他人事ではありません」

明らかにストーリーに無理があります。がんに罹る人が多いほど、保険会社は、安価で手厚い保障を提供できなくなるに決まっているからです。

第2章に詳述したように、がんは基本的に高齢者の病気です。ある保険会社で社医を務める方も「がんは『個人差がある老化現象のひとつ』と認識したらいい」と言います。

ただし、現役世代ががんに罹る確率などを知る消費者は少ないでしょう。また「うちは、がんの家系だから『がん保険』に入っている」と言う人が珍しくないように、「実は、遺伝によるがんは5％くらい」といった情報も浸透していないと思います。

それでも、ほんの少し立ち止まって考えてみるだけで「保険金の支払いが多くなりそうな保険を積極的にすすめるのはヘンだ。テレビＣＭの費用を負担するのは誰だ？」といった疑問が浮かぶはずです。

消費者には、このように「何かおかしい」という感覚を大事にしてほしいと思います。「明らかにヘンだ」と証明する必要はありません。ただ警戒心を持ってほしいのです。

「女性特有の病気に『女性専用の保険』で備えましょう」

ストーリー性に問題ありです。商品の品質や価格の妥当性を証明する情報は見当たらないからです。また、発信されている情報が怪しいとも感じます。

たとえば、アフラックのサイトで「女性特有の病気に備える保険」が案内されているページには、「女性は男性より、病気の備えが大切です」という文言の後に、患者数が男性の1．33倍であることを伝える図があります（図表28）。

男性より33％多い患者数を示し、女性特有の疾病の名前が列記されているのです。

ただし、「患者数は入院と外来の全年齢の合計です」と付記されています。そうであれば、女性の「患者数」が多いのは自然だと感じます。男性より長生きするからです。

実際、もとのデータである厚生労働省の「平成29年患者調査」と同時期の人口を統計局のデータで確認したところ、65歳から１００歳までの女性の人口は男性の１・30倍、75歳以上では１・56倍に達しています。

そもそも、女性特有の病気であっても、「健康保険」の「高額療養費制度」で、医療費の自己負担には上限があります。所得が低い人の負担は軽く、70歳以上ではさらに軽減されます。若い時に発症する病気に関しても、自己負担は限定的なのです。

女性特有の疾病に触れる広告等に接した時には、「がん保険」の章で引用した「病名別に保険が存在する理由がわからない」という商品設計の専門家の言葉を、何度でもお読みいただきたいと思います。

2～3章に書いたとおり「医療保険」や「がん保険」は加入者にとって、かなり不利な仕組みとみられます。それらの保険に、女性専用の特約を付加するのは、より広く、不利な仕組みを利用することになるはずです。

仮に、女性専用の保険を積極的に利用するとしたら、特別に他の保険に比べてコストを抑えてあるといった事実でも確認できる場合でしょう。

図表28　女性は男性より、病気の備えが大切です

女性特有の病気に備える

女性には、帝王切開などの妊娠・出産にともなう入院のリスクがあります。
また、子宮内膜症・子宮筋腫・乳がんなどの女性特有の病気があります。

上乗せ保障の対象となる主な女性特定疾病

妊娠	帝王切開／妊娠高血圧症候群（妊娠中毒症）／子宮外妊娠／流産
乳房	乳腺症／乳がん
子宮	子宮筋腫／子宮内膜症／子宮がん
卵巣・卵管	卵巣機能障害／チョコレートのう胞／卵巣がん
その他	関節リウマチ

出所：アフラックHP「知っておきたい　生命保険の基本」より

しかし、そんな事実は公表されていないのです。「専用だからといって、優良品が提供されていることにはならない」と考えましょう。

次は、「保険はお金を用意する手段」であることが忘れられているような例です。

「保険料負担も少なくなるので、早めの加入をおすすめします」

保険では、同じ保障内容でも契約年齢が若いほど、保険料が安くなります。また、健康状態によっては「加入したくてもできない」ことにもなるため、早めの加入をすすめられるのが一般的です。

しかし、「お金と時間の関係」や「不確実性」が考慮されていないと感じます。

たとえば、60歳まで保険料を支払う「医療保険」に加入する場合、30歳と50歳では、前者のほうが毎月の保険料はもちろん、払込総額も安くなります。

しかし、30歳で加入する場合「より長く、保険料相当額のお金を使う機会が失われる」という見方も必要でしょう。

加えて、若い時に加入するほど、その後の人生において、保障内容が時代に合わなくなるリスクも高くなるのです。したがって、一概に、早めの加入が有利とは言えないはずです。

また「入りたくても入れなくなることがある」という理由には、保険加入が目的化しているような違和感があります。

保険加入は目的ではなく手段だからです。しかも「お金を失いやすい仕組み」ですから、「入らないに越したことはない」のです。

加えて「緊急性」の問題もあります。たとえば、「医療保険」の入院日額5000円、手術の場合10万円といった給付額は「保険でしか用意できない金額だろうか、人生設計に影響を与える金額だろうか」と考える必要も感じます。

入院等、非日常的な事態を想像すると、「転ばぬ先の杖」となりがちですが、論点が手段から目的に変わってしまっているのではないでしょうか。

「『生命保険料控除』の枠を利用しましょう」

社会保険料や税金の負担が増えるなか、「生命保険料控除」制度を利用して税金を安くしましょう、というセールストークがあります。

やはり、ストーリーに無理があります。

常識で「ポイントカードの還元率が高くても、買い物を増やせば出費は大きくなる」と考えましょう。

現状、一般生命保険料控除・介護医療保険料控除・個人年金保険料控除の3つの枠が使えますから、たとえば死亡保障は不要だと考えている単身者でも「医療保険」と「個人年金保険」に加入すると、税負担を軽減できます。

所得税・住民税ともに税率10％の人が、「医療保険」と「介護保険」に加入して年間保険料が８万円を超える場合、所得税は４０００円、住民税は２８００円安くなります。「それぞれ、年間６８００円、合計すると1万３６００円の節税効果」と言えば、そのとおりです。

ただ、そもそも「医療保険」や「介護保険」は、加入の必要性が疑わしいのです。医療保険で見込める給付金額は「緊急性」に乏しいですし、介護保険の出番は70代後半からになることが一般的なので、現役世代が加入する場合、保障内容の「不確実性」が高くなります。50歳で加入しても、給付は四半世紀以上先になる可能性大なのです。

生命保険料控除を利用するとしたら、「確定拠出年金」等、他の税負担を軽減できる手段をすべて利用した後、インフレ等には対応できず元本割れ期間も長いことを承知の上で、「個人年金保険」に加入するくらいではないでしょうか。

なお、余談ですが、私は生命保険料控除不要論者です。現行商品の大半が、税制面で優遇する価値があるとは思えないからです。むしろ、ある保険会社の管理部門の方がおっしゃっていた「生命保険料控除の制度は、保険業界への形を変えた助成金」という評価が的確だと感じるのです。

次は、人口構成の変化を背景に見聞きする機会が増えた例です。

「公的介護保険や健康保険の弱体化は避けられません」

「少子高齢化と長寿化で、公的介護保険や健康保険の弱体化は避けられません。自助努力が必要です」

民間の介護保険・医療保険・がん保険などへの加入を促す際、公的保険の保険料負担増や、保障削減の可能性に言及する話法です。

たとえば「現状、要介護状態になっても、公的介護保険制度のおかげで費用の負担は1割で済みます。ただ、今後は2割～3割もあるかと思います。健康保険にしても、自己負担が増える、保障がカットされる、そんなことも考えられないでしょうか」などと語り、自助努力を促すわけです。

雑なストーリーだと感じます。「公的保険の今後」と「民間の保険商品の品質」には何の関係もないからです。

民間の保険で、より安く手厚い保障を得られるのであれば、一考に値するかもしれません。しかし、もともと保険の仕組みは、給付が多発しやすい老後の保障には不向きなのです。

また緊急性の問題もあります。たとえば、健康保険で、医療費の自己負担割合が、突然10％から50％に上がるような制度変更はなされないと思うのです。現時点で、公的制度における自己負担費用は緩やかに増えていく見通しであっても「（費用負担増に備える）準備期間はある」という認識でいいはずです。

「『健康寿命』と『平均寿命』には、10年前後の差があります」

「『健康寿命』と『平均寿命』には男性で9年以上、女性で12年以上の差があります」（厚生労働省「第2回健康日本21（第二次）推進専門委員会資料より）

「『健康寿命』とは、健康で自立して暮らすことができる期間のことです。寿命のなかでどれだけ健康な期間があるのかという目安です」

「長寿化は喜ばしいことですが、それだけ病気などのリスクが増えるということでもあります。医療・介護・認知症などへの備えが必要になるでしょう」

これもストーリーが粗い例です。「健康寿命の根拠」が怪しいからです。厚生労働省が行っている「国民生活基礎調査」の結果をもとに算出される数字ですが、調査票の内容を確認するとわかります。

たとえば「あなたは現在、健康上の問題で日常生活に何か影響がありますか」という質問には「ある・ない」のどちらかで回答します。あると答えた人には、補足の質問も用意されています。

日常生活動作、外出、仕事・家事・学業、運動・その他の5項目で影響があるすべてにマルを付けることになっています。

また、「あなたの現在の健康状態はいかがですか」という質問には、「よい・まあよい・ふつう・あまりよくない・よくない」の5つから回答を選ぶことになっています。

つまり、医学的な基準はなく、個人の主観・体感で決まるのです。したがって、このような調査による結果から、民間の保険の利用を促すのは無理があると感じます。

民間の保険が保障するのは、個人が自覚している「健康上の問題」や「日常生活への影響」ではなく、入院や手術など保険会社が定める「所定の状態」だけだからです。

ひょっとしたら、健康寿命と平均寿命の差から「誰かの助けを借りなければならない状態が10年前後続くイメージ」を持ってもらえると、介護や認知症に備える保険が売りやすくなる、と考えられているのかもしれません。

私は、健康寿命をうんぬんする話は「関わるだけ時間の無駄」と認識しています。

最後に、販売員関連のコピーに触れておきます。

「ライフプランナーは、真のプロフェッショナル集団」

ソニー生命のホームページにある「ライフプランナー」を定義している一文です。

「ソニー生命のライフプランナーは、厳格な採用基準をクリアし、さらに独自のカリキュラムによる徹底した教育と訓練を受けた、真のプロフェッショナル。

保険はもとより、経済・金融・税務などに関する幅広い知識と豊富な経験を兼ね備えています。お客さまの思いをお聴きし、ライフプランを守るための保障を提案するとともに、その保障が最適な状態であるよう、お客さまの人生に寄り添い、一生涯にわたってサポートいたします」

などと書かれています。

ストーリー性などを問うまでもないでしょう。常識で考えて、定義に該当する人が世の中にどれくらいいるでしょうか。

たとえば、保険商品の「作り手」である保険数理の専門家は、商品の仕組みなどに精通しているものの、営業現場における「豊富な経験」を積む機会などはありません。

また、販売員が税理士と協力して法人向けの保険を顧問先に案内したりするのは、税務には精通していないからです。

ソニー生命に限ったことではありません。保険営業の仕事に従事している限り、「販売員以外の何者でもない」のです。あえてプロフェッショナルという言葉を使うならば、「保険販売のプロフェッショナル」です。断じて、経済・金融・税務のプロではありません。

実際、複数の保険会社で、ライフプランナーの育成に関わってきた人は「経済や税務などは、たいした知識は仕込んでいません。教えるほうも保険が絡むことくらいしか知らないから無理ですよ」と言います。「保険販売のプロ」に多くを求めても仕方がないのです。

ライフプランナーの使命は、一人ひとりのお客様に最適な生命保険をご提供すること。正しく生命保険の普及に励むことで社会に貢献し、お客さまの一生涯にわたって寄り添い続けます。

プルデンシャル生命のホームページから引いています。ストーリー性と不確実性に問題があります。

まず、プルデンシャル生命に限らず、1社専属の営業担当者は、「お客様に最適な生命保険」を提供するのにふさわしい職場にいません。他社に優良品があっても販売できないからです。

また、一生涯にわたりお客様に寄り添う可能性も低いと思われます。新規契約からの報酬に収入の大半を依存しているライフプランナーは、長く続けるのが難しい仕事だからです。たとえば、同社は2018年度と2019年度で1402名のライフプランナーを新規採用しているものの、在籍者数は148名しか増えていません。営業開始は1988年ですが、平均勤続年数は8・8年です。

では、10年超くらいのキャリアがある担当者を探したらいいかというと、それも危険かもしれません。

1社専属で顧客本位の営業がしづらい立場でありながら、長年、勤続できる場合、デメリット情報を学んでいないか、「顧客は商品ではなく自分を選んでいる」などと、自分に酔える才能（？）があると考えられるからです。

私だったら「新人はすぐにやめるかもしれないし、ベテランは『やり手』かもしれない。どちらも関わらないほうが良さそうだ」と判断したいと思います。


ライフプラン・保険・年金・税金など、人生において大切なお金のことを「お金のプロ」ファイナンシャルプランナー（FP）に無料でご相談いただけます。


複数の保険会社の商品を扱う代理店が常用するコピーです。ストーリー性に2点、問題があります。

まず、日本FP協会のサイトで資格認定者の業種別属性を見ると金融機関が53％を占めています。（2020年9月現在）そのためFPが「金融商品販売に不利な情報」を入手する機会は限られていると見るほうが無難です。

次に無料で相談に対応している大半のFPは、金融商品の販売手数料などを収入源にしています。固定給であっても、給与の原資には手数料が含まれている可能性大です。

したがって、仮にデメリット情報を理解している人でも「商品販売に注力する事情を抱えている」と見ていいはずなのです。当然、相談の場では、「手数料が高いプラン」に誘導されやすくなります。彼らもまた「販売のプロ」であり、顧客とは「利益相反」の関係なのです。

本章のまとめ

❶ 不安喚起情報と（対策として提示される）商品の品質には何の相関もない

❷ 保険加入はリスクに備える「手段」の1つであり、「目的」ではない

❸ ライフプランナー、ファイナンシャルプランナーなど、呼称はさまざまでも、保険販売に関わり収入を得ている限り、顧客とは「利益相談」の関係だ

第6章

「おいしい客」になっていませんか？

生命保険業界では、今も昔も「対面販売」が主流です。一般の人たちの保険との関わり方は、営業担当者や代理店に左右される面が大きいのです。したがって「相手を知る」ことが重要です。

彼らを全面的に信じている人は少ないかもしれません。しかし、私が見聞きしている営業現場は、想像以上に「顧客本位」には遠い状況です。本章では販売員の事情をキレイごと抜きで書いていきます。

保険セールス、「おいしい客」は5タイプ

1社専属の営業担当者から、複数の会社の商品を扱う代理店まで、保険販売に関わる人の報酬体系はさまざまです。ただ、新規契約の獲得が高く評価される点は共通しています。「営業効率」や「成果の大きさ」で考えると、どんなお客様が狙い目でしょうか。私自身の経験と、現役の担当者たちと意見交換する中で出てきた話から浮かび上がってきたのは、5タイプの消費者像です。

■保険の「おいしい客」 ①お金を持っている

私が在籍していた大手生保の支社長が「結局、みなさん(営業職員)の将来は、どれだけ多くのお金持ちと知り合えるかにかかっています」と、支社の大半の職員が参加するイベントで発言したことがありました。

一般に、営業担当者の報酬増には、獲得した契約の保険料が高いことと、短期間での解約が少ないことが重要です。したがって、長期にわたり高額な保険料負担に耐えられる人は、魅力的な見込み客になります。

実際、ある外資系保険会社の営業担当者は、「派遣社員などは最初から相手にしない。契約の継続率に不安がある。差別ではなく選別。お客を選ぶのも大事な仕事。慈善事業じゃないんだから」と言い切ります。

また「なんだかんだ言って、優良企業の社員のつてをたどっていくのが正攻法。高い役職の人ならなお良い。お金持ちの知り合いはお金持ち」と言う人もいます。「社長の知り合いは社長。生活水準なんかが違い過ぎると付き合いも難しい。世の中そういうもの」が口癖だった保険会社の管理職を思い出します。

高い保険料を負担してもらいたければ、高収入の人や資産家をターゲットにすべき、というのはわかりやすい論法です。

お金がある人に保険は不要なのではないか、と思う人もいるかもしれません。たしかに入院時に1日1万円が支払われるような医療保険などに入らなくても、自腹で賄えそうな気もします。しかし現実は違います。「入院時は絶対に個室に入りたい」といった理由で、差額ベッド代目的で複数の保険に加入し、日額3万円の保障を確保するようなケースもあるのです。

自腹を切るのと保険金から入院関連費用を支払うのでは心理的な負担感が違うのでしょう。医療保険の章で書いた「心の会計」を行ってしまうのは、お金を持っている人でもよくあることなのです。

ほかにも、営業担当者の間では「資産家であれば、相続対策に適した大型契約をすすめるチャンスもある」「税理士と連携できれば、意外なくらい簡単に契約が決まる」「時間ばかりかかって、高額契約獲得は難しい庶民の相手は通販やネット生保に任せる」という声が聞かれます。

「現金な人たちだ」と感じる人もいるかもしれません。しかし、あなたが個人商店を開いている光景を想像してみてほしいのです。数千円の出費に迷いなかなか商談が進まないお客様と、百万円単位の支払いを短時間で決めてしまうお客様とどちらがありがたいでしょうか。

歩合制の営業担当者や代理店は、保険会社の看板を借りている個人商店のようなものです。「お金持ち以外、相手にしたくない」と考えている人ばかりではないとしても、背に腹は代えられなくて当たり前と認識したいところです。

保険の「おいしい客」　②面倒なことが嫌い

保険について自分で本やインターネットで調べたり、提案された保障内容について複数の保険業者の相見積もりを取ったりすることを嫌う人です。

こうした人たちには「本業などで忙しい中、ゼロから保険を検討するのは大変でしょう。だからこそ、皆さまのお手伝いをする、私たちのような担当者がいるのです」とアピールしやすくなります。

「もとより、保険会社の代理店をやっているつもりはなく、お客様の代理人を自負している」と言う人もいるくらいです。そこまで言うのであれば、保険会社から手数料をもらうのはやめて、お客様に業務委託料を求めるのが筋だろうと感じます。保険会社が代理店に報酬を払うのは、あくまで商品の販売実績に対してだからです。

それでも「お客様の代わりに、お客様の側に立って……」という論法は、意外に奏功するようです。自分で考え判断することが苦手な人とは需給関係が一致するのでしょうか。

自発的に情報収集などを行わない人の場合、判断材料が限られるため、営業担当者の好感度で、契約の是非を決める傾向もあります。「会社や商品ではなく人で選ぶ」というわけです。また、「大手の保険会社」「銀行で扱っている保険」といったブランドに弱い一面もあります。

保険の世界では「大手の人＝顧客に有益な情報を提供する人」「銀行が提供する商品＝優良品」という図式は成り立ちません。この際、明言すると、大手や銀行で買うべき保険はほとんどなく、時間とお金を無駄にする可能性大です。大手の商品は他社に比べ割高なことが多く、銀行は手数料が高い商品を中心にすすめてくるからです。

しかし「大手だから（人・モノ・サービス等が）良いとは限らないかもしれない」などと考えてみること自体、気が進まない人もいるのです。結果として保険選びの時間と手間をお金で買ってくれるため、販売員にはありがたいお客様です。

■保険の「おいしい客」 ③不満を抱えている

「預金金利が低すぎる」「日帰り入院では給付金がもらえなかった」「いま加入している保険の担当者が訪問してこない」といった不満を持つ人たちです。

「文句を言われるばかりでは、やってられないのではないか」と思われるかもしれませんが、そんなことはありません。営業として最も困るのは、何も「とっかかり」がないことだからです。

「いまの保険契約には100％満足している。何も言うことはない」では、次の展開が見えません。その点、現状に納得していない人との出会いは、助かります。尋ねてもいないのに列挙される商品やサービスへの不満は、視点を変えれば、その人を「攻略するポイント」そのものだからです。

預金金利が不満な人には「長期的には預金より有利な貯蓄商品」を、1泊の入院で給付金がもらえなかった人には「日帰り入院でも一時金が出る保険」を案内し、担当者が訪問して来ない人には、営業としてのキャリアの長さなどを語って継続訪問を約束したらいいのです。

「担当者が訪ねて来ない」と言う人、つまり営業との接点が少ない人は、商品の比較情報などを持っていないことも多く、商談をまとめやすかったりもします。

そもそも、保険金請求が断られたばかりの人でもない限り、お客様が不平不満を言い続けていられる時間は長くありません。知人の営業担当者にも「苦情処理は大好き」と言う人がいます。「お客様と一緒に会社に対する不満を語るうちに、お友達になれる」からです。

自分に落ち度があるわけでもない話を聞くばかりではつまらないので、「確かにうちの会社には、理解に苦しむところが少なくない。新規契約重視の報酬体系なのに、アフターフォローは万全とかよく言える」などと話し、お客様と思いを共有しながら、継続訪問につなげるのです。

保険営業の仕事で最も難しいのは、見ず知らずの人に同じテーブルについてもらうことです。来店型保険ショップが、訪問販売をしない理由を想像するとわかりやすいかもしれません。追いかけると逃げられやすいのです。しかし、「不満を持つあなたと思いを同じくする私」が営業担当者である場合、ハードルは下がります。

尋ねてもいないのに自分のツボを教えてくれる人は、営業的には「とてもありがたい人」なのです。

保険の「おいしい客」 ④テレビが情報源

ある代理店の営業担当者によると「本やネットで熱心に情報収集する人に比べ、テレビに頼っている人は情報の質より量に左右されがちな傾向があるため、勧めるべき商品がわかりやすい」そうです。

たとえば「よくCMをやっている保険会社だから安心」というイメージ先行型の人には、保険料が多少割高でも認知度が高い保険会社の商品が提案しやすくなります。逆のタイプの人には「『プロが好みます』と言って、あえて情報が少ない会社の商品をすすめると喜ばれる」そうです。

私も同感です。特に「保険加入ありき」である点が決定的かと感じます。「入院が心配だから『医療保険』を検討すべき」「持病があっても加入できる保険があるということなのでぜひ入っておきたい」「『がん』は他人事と思えないのでがん保険のおすすめをズバリ教えてほしい」と言う人たちは、CMの文脈に沿って保険を考えています。

不安材料を確認したら保険に入っておけば良いという考え方です。「保険で解決できるのは主にお金の問題だが、そもそも保険が優れた解決法であるという根拠はどこにあるのだ?」といった視点はありません。

来店型保険ショップを利用して「いろんな保険会社の保険から良いものを選んでくれるというのでショップに相談に行ってみたところ、ずいぶん、高額な買い物になるので驚いた」という人が多いのもこのタイプです。

集客しやすい主要駅の近くなどに店舗を構え、大量広告で認知度を高め、無料で相談に応じる業態である限り、高額契約を提示されて当然、とは考えないのです。

私は2008年以降、さまざまな媒体で情報発信をする機会に恵まれていますが、テレビが最も「言えないこと」が多い、と認識しています。

保険会社や銀行などの金融機関は、テレビ局の重要な広告主ですから、広告主に都合が悪い情報は発信されにくい状況なのです。そのため、テレビが情報源になっている人は、いつのまにかセールストークに乗せられやすい状態になっていることが多いのではないでしょうか。

保険の「おいしい客」⑤寂しい人

最後に付け加えておきたいのが「寂しい人」です。心外だ、大きなお世話だ、と感じる人もいるかもしれません。正直なところ、私もはっきり書かないほうが良いのではないかと迷いました。

しかし、やはり重要なことだと思うのです。本書に繰り返し書いているように、営業担当者とお客様は「利益相反」の関係です。したがって、勤務時間中に営業担当者がお客様と会うのは、主に成約目的であると見ていいはずです。

営業成績には締め切りもあり、面談時間相応の成果が求められますから、お客様の側からすると、担当者と過ごす時間は長くなるほど危険だとも考えられます。

それなのに「ちょっと近くまで来たので……」といった理由（口実ですね）で訪問してくる営業担当者を、繰り返し自宅や職場に迎え入れる人がいるのです。

近年も、銀行の窓口などで声を掛けられるままに「商品をご案内する」カウンターやブースに移動してしまう人を見ると、バブル期に、路上でセールスの人につかまり、版画などを販売する展示場に誘導される通行人を見かけたことを思い出します。

うまく言えないのですが、世の中には「誰かにかまってもらいたい人たち」が一定数いるということなのかもしれません。保険に限らず高額商品の営業担当者は、そんな人たちを相手に好感度が高い接遇を行う動機を持っています。技術もあります。構ってくれるどころか、話題も豊富で心地よい会話ができたりするのです。

一歩引いてみると、とても怖いことだと感じます。時間制の接遇料でも発生しない限り、商品の購入によって対価を払うように仕向けられるからです。

諸々の売り込みに対してどこかガードが甘い状態になっている人たちは、悪い人たちではないと思います。性善説に立っている人が多いのかもしれません。しかし、単に「御しやすい商談相手」と見る営業担当者もいると思うのです。

すべての営業担当者がお客様のことを、常に「攻略しやすい人かどうか」という視点で見ているわけではないとしても、消費者は、売り手に観察されていることを意識しておいたほうがいいでしょう（私も営業マンだった頃は、話すこと以上に「相手を見ること」を大事にしていました）。

自分が「おいしい客」に当てはまる自覚のある方は、対面販売における「人災」リスクを大いに意識していただきたいと思います。

誠意より技術？「知られざる営業テクニック」の数々

ここからは、営業担当者が駆使する販売技術について具体的に見ていきます。

私は保険コンサルタントとして独立するまでの十数年間、大手生命保険会社と代理店で保険を販売して生計を立ててきました。その間、保険商品の価値や販売手法への疑問が尽きなかったことが、今の仕事につながっています。とはいえ、葛藤を抱えつつ過ごす日々に、営業ならではの面白い発見があったのも事実です。

たとえば、「口数」「言葉数」の問題です。成績をあげるには、少ないほうが良いのです。一般的に営業担当者といえば、饒舌なイメージがあるかもしれません。しかしセールスは時間との戦いです。歩合制の報酬体系では、月末・年度末といった締め切りまでの限られた期間で一定の成績を収めなければいけません。あまり長々と説明や売り込みをするとお客様も嫌がりますし、集中も続かないので、話題を増やさず1時間くらいで切り上げるのがコツです。

そのために私がやっていたのは、まずお客様が加入中（あるいは検討中）の保険について「気になる点は何ですか？」と尋ねることでした。日ごろ保険のことばかり考えているわけではない人たちの関心事は限られているからです。

「更新時に保険料が上がるのは困る」「掛け捨てはもったいない」「先進医療に備えたい」「通販やインターネットで入れる保険は安心なのか」など、あらかじめ答えを用意できるものが大半です。

こうしたお客様の関心事をじっくり聞くほうが、売りたい商品を説明するよりずっと重要です。特に「身内がアフラックのがん保険に入っていたが、65歳から給付金額が半額になってしまうことに後悔していた」といった身近な体験談に影響されているようなケースでは聞き役に徹します。

「半額になるぶん保険料が安いはずですから、悪い商品ではないと思います。お客様がおっしゃるのは結果論に過ぎないのではないでしょうか」などと保険会社側に立った正論で応じるのは最低の対応です。「そうですよね。半額は納得できないですよね」と共感するほうが好まれるのです。

お客様の関心事がわかれば、対応している商品を自然な流れで提案できます。その際もせいぜい3つぐらいまでのポイントを紹介する程度にして「このプランで気になることはありませんか」と聞きます。情報が限られているぶん、確認事項も少なくなるからです。

別な商品やプランへの乗り換えをすすめるケースなら「保険料がちょっと高くなりますよね」といった質問が出ますから、「いまの契約より手厚い保障になりますから、メリットはあるはずです」などと用意しておいた回答ができます。貯蓄性商品の新規契約では保険会社の安全度や財務体質に関する情報なども事前に準備しておきます。

時に質問が浮かばないお客様もいます。その場合は、こちらからはあえて話しかけません。「沈黙話法」という逆説的な手法です。すると、話が途切れたときの空気感を嫌ってか、「皆さんはどうしているんですか?」といった苦し紛れの質問が出やすく、「おかげさまで好評です」と楽な展開に持ち込めるのです。

「医療保険はすすめない」セールスの狙い

こうした経験やノウハウはあくまで私個人の一例です。次は、ある代理店に勤務する知人が得意とする「意外な展開」をご紹介します。一般の方の関心が高い「医療保険」加入を否定することから話が始まるのです。

単身世帯が増える中、「死亡保障は不要だが医療保障は欲しい」というお客様はたくさんいます。

しかし、彼はまず「健康保険には高額療養費制度があり、個人の医療費自己負担額には上限が設けられています」と、主に入院に備える保険の必要性が高くないことを伝えます。保険の売り手が売れ筋商品について「おすすめしません」と語りかけるのです。

お客様のなかには当惑する人もいるようですが、「良心的な人に出会えた」と感じてもらえることが多いといいます。「必要でない保険はすすめない」と信頼されるわけです。

ただし、その受けとめ方は甘いのです。彼の狙いはせいぜい月々数千円の医療保険ではなく、資産形成目的で「終身保険」や「養老保険」を売ることだからです。

理由は「手数料が一桁違う」と明快です。医療保険に加入すると月々３０００円くらいになる年齢の人でも、終身保険などで老後資金を蓄えようとすると、保険料は２万〜３万円になるのが普通です。代理店手数料は保険料×手数料率で決まることが多いので、収入は10倍くらいに増えます。終身保険などの販売に注力するのは当然なのです。

もちろん、不満をぶつけてくるお客様も歓迎されます。「預金ではお金が増えない時代、将来、払戻金が確定している保険だと安心してお金が貯められますね」と、同じ不満を持つ者として発言するそうです。株式投資や投資信託で苦い経験を持つ人にも「保険だと安心ですね」と案内しやすいと言います。

別章で詳述しているように、終身保険や養老保険は資産形成には不向きです。まさに手数料が高い点が問題なのです。販売員と顧客の「利益相反」をあらためて感じる例です。

「意外な展開」は、保険でお金を貯めたいと考えている人にも使えると言います。たとえば「米ドル建て保険」を検討中の人に対し、「米ドルの利率は下がっていて、以前ほど魅力がありません。『変額保険』で株式や債券に分散投資なさるほうが、成果を見込めるでしょう」と、また違うカードを切るわけです。

「保険での貯蓄には賛成です。ただし、認知度は低いかもしれませんが、もっとおすすめの方法があります」と語って、「知っている人だけ、得する世界がある」と感じてもらうのです。

「儲ける」という字は「信者」に似ている！　布教家タイプ

ここまでは、営業活動には技術的な側面があることを自覚している人たちの例でした。しかし、営業担当者の仕事について、そもそも営利を求める活動だと考えていない人もいます。「保険はお客様をお守りするために必要不可欠であり、こんなに素晴らしいものはない！」と信じている人もいるのです。

私は「布教家タイプ」と呼んでいますが、この類の人にとって営業は業務ではなく「使命」です。私は保険会社で教えられることを、常に「どこまで信じていいのだろうか」と疑っていたほうなので、布教家タイプの人については、世の中にはいろんな人がいるものだと感じるばかりです。

ただ、ある保険会社の人は「個人的に宗教はまったく否定しませんが、会社の営業部門における教育には、新興宗教に近い一面があると思います。是非はともかく染まる人は染まるでしょう」と言います。

「保険は人の愛情を形にしたもの」「人類の英知の結晶」「相互扶助の仕組み」といった定義を一切疑わず、心に刻み、自分以外の人たちに伝えていくことに生きがいを見いだす人たちがいるのです。

彼らには、保険会社が使う経費のことなどは問題になりません。不測の事態に保険が役に立つ、それがすべてです。

「『不測の事態』とは、どれくらいの確率で発生するのか？　保険料は有事に備える費用として妥当なのか？　会社側の取り分が大きい場合、人々の不安につけ込む性質の悪いビジネスとは言えないか？」といった疑問も視野に入らないようです。

「一事が万事」だからです。「不測の事態は人を選ばないのだから、保険での備えをおろそかにしていいわけがない、お客様をお守りできなくてどうする?」という論法です。信念と呼ぶのがふさわしいかもしれません。

保険営業の場では、各種の体験談に接する機会はいくらでもありますから、実話をもとに、説得力があるプレゼンテーションを展開できるのが強みです。トップクラスの成績を誇る営業担当者が、同業者向けの研修会の講師を務め、涙を流しながら、お客様に保険が役に立った経験を語ることもあるのです。

雑念がなく言葉に力があるので、感化される人もいるでしょう。あらゆる事態に保険で備えることが望ましいと考えているので、商機も増えます。優秀な成績を収めている人にも少なくないタイプです。私は布教家タイプのトップセールスの人を見ると、皮肉ではなく、「信者」と書いてダッシュをつけるだけで「儲ける」という字になることに、深く感じ入ってしまいます。

もっとも手ごわい「使い分け」タイプ

最後に、消費者からすると最も手ごわいタイプをご紹介しておきます。ここまで書いてきた技術などを使い分けるタイプです。要するに成果を出すには、自分の考え方や信念にこだわらず「相手に合わせる」ことが得策と考え、実践している人たちです。

　私が大手生保に在籍していた当時、外資系保険会社から引き抜かれた営業教育担当者は「きみたちは、役者か宗教家になるか決めたほうが良い」と言いました。前者を目指す人は、営業には技術的側面があることを重視して、技を磨きなさい。後者は迷わず信条を説いて回りなさい。どちらかに徹すると成果はついてきます、というわけです。

　しかし、どちらもできるほうが成績は良くなるに違いありません。私の先輩には「営業として自分がどうありたいかと考えても仕方がない。お客様がどんな担当者を好ましく思うのかが問題。必勝パターンがあるとしたら、相手に合わせてパターンを変えること」と語り、実践している人もいました。

　たとえば「医療保険」と「がん保険」のどちらに加入すべきか悩んでいる人がいる場合「現時点ではどちらがいいと思っていますか？」と尋ねます。「がん保険は、がんの保障だけなので、迷っていますけど、医療保険のほうが良いのかなぁと……」と言われたら、「おっしゃるとおり医療保険のほうが、対応できる範囲が広いです。まずは医療保険だと思います」と背中を押します。

　逆に「医療保険はいろんな事態に備えられると思いますけど、大金がかかるのはがんだろうと思っています。迷いますけどね……」と言う人には「おっしゃるとおり、がんのほうが、経済的負担が心配ですよね。優先順位としてはがん保険が先でしょう」と回答します。人は基本的に自分の見解に同意してくれる相手に好感を持つのだから、お客様に合わせる、営業担当者の私見を主張したあげく、商談がまとまらないようなことになっては元も子もない、と考えているのです。

どうしても優先順位が付けられない人には「医療保険にがんに対応した特約をつければ両方安心です。2本入る場合より保険料も安くてお得です」と提案します。

「営業が自分のポリシーなんか持ってどうするの」と話していましたから、大別すると役者型なのでしょうが、布教活動も得意な人でした。

「万が一の場合といっても、所詮、確率の問題でしょう?」と冷静な人でも「だからこそ、あなただけが無事でいられると思うのは間違いなのです。先日もあなたと同世代の方が突然、仕事先で倒れてしまい、そのままお亡くなりになりました。まだお子さんは5歳で……」といった体験談で落とせる、と自信たっぷりでした。

私が「仕事中に倒れたのであれば、民間の保険に入っていなくても労災で保障されるのでは?」と突っ込んでも、「まだ幼い自分の子どもが遺族になることを想像している時、そこまで考えが及ぶお客さんなんかいないから」と平然としていたものです。

いずれにしても、消費者からすると、目の前にいる営業担当者が演技をしているのか、保険会社に、ある意味、洗脳されているのかといったことはわからないはずです。そういう意味で営業現場での対話には、消費者との知識や情報の差を利用したハンディキャップマッチのような側面があります。知らないで乗せられてしまうと損をするケースも多くなるはずです。

そもそも「利益相反」の関係であることを忘れず、極力、接点を持たないようにするのが何よりでしょう。

本章のまとめ

❶ 「おいしい客」は5つのタイプに分けられる。自分が該当していないか確認しよう

❷ 担当者が「親身になっているのか」「販売技術を駆使しているだけなのか」客にはわからない

❸ もともと、販売側の関係者と顧客は「利益相反」する関係であることを忘れないようにしよう

第7章

「老後不安」にどう備える?

一般の人たちが、高額で不利な保険契約を結ぶ要因に、「老後資金」等に関する不安があります。

お客様から各種媒体関係者まで「漠然とした不安」を語る人が少なくないのは、一般論に接するだけでは「自分の場合」が見えてこないからかもしれません。

そこで、本章では、60代になった筆者の年金受給額（加工していない、ナマの数字です）をもとに、老後の資金繰り等を考えます。読者の皆様と職種・年齢等は違っても、現有資産やこの先見込める収入から、運用その他の問題も含め、「自身の老後」に思いを巡らす中、共有できる知見もあるかもしれません。

富裕層でも貧困層でもない個人の、文字通りリアルな例として、目を通していただけると嬉しいです。

「平均」は無視、「自分の年金受給額」を確認

まず、私が徹底しているのは、「ゆとりある老後生活費は平均36・1万円（生命保険文化センターの『生活保障に関する調査』／令和元年度）」といった数字などを無視することです。

2019年に話題になった「老後、公的年金だけでは2000万円不足する」といった試

算も知ったことではありません。生活水準や環境などが違う人たちの「平均」を気にしても仕方がないからです。「皆、どう考えているのだろう？」ではなく「自分はどうありたいのか？」と自分に問い続けるだけでしょう（その答は自分にしか見つけられないはずなのです）。

その際、しっかり向き合いたいのは、「自分の（公的）年金受給額」です。公的年金の受給額は、日本年金機構から毎年誕生月に送られてくる「年金定期便」で大まかに知ることができます。

ただし、50歳未満の人では、「これまで払った保険料」から受給額が算出されるので、若い人ほど、金額は少なく表示されやすくなります。

そこで、利用しているのが「ねんきんネット」です。登録しておくと、随時、払い込んだ保険料の確認や、将来の受給額の試算ができます。50歳未満の人も、現職を続けて一定年齢まで保険料を払い込んだ場合などの受給額を試算できるのです。

私の場合、46歳まで厚生年金保険に加入し、その後は国民年金保険に加入しています。また世代の関係もあって、年金の種類と受給期間もまちまちなので、表にまとめてみました（図表29）。

まず、63歳から2年間「特別支給の老齢厚生年金」約4万８０００円（月額）が支払われ

図表29　筆者の年金受給額（見込み）

単位：円（月額）

	63〜64歳	65〜70歳	70〜76歳	77歳〜
特別支給の老齢厚生年金	48,000	—	—	—
老齢厚生年金（65歳から受給）	—	48,000	48,000	48,000
加給年金（妻が65歳になるまで）	—	32,500	32,500	—
老齢基礎年金（70歳から受給）	—	＊	92,000	92,000
合計	①48,000	②80,500	③172,500	④140,000

＊老齢基礎年金は65歳から65,000円受給できるが、70歳まで受給を遅らせる
出所：「ねんきんネット」

ます（図表の①）。

１９８６年に厚生年金の給付開始時期が60歳から65歳に改定されましたが、私は昭和36年４月１日以前に生まれているので、「経過措置」の対象に該当し、「埋め合わせ分」の給付があるのです。

次に、65歳からの受給額はというと、老齢厚生年金が約４万８０００円　老齢基礎年金が約６万５０００円で総額11万３０００円です。正直「少ない！」と動揺します。

ただし、これが全額ではありません。年金定期便とねんきんネットに反映されない「加給年金」があるからです。一定期間、厚生年金に加入していた時期があり、年下の配偶者（年収８５０万円未満）がいるなど、複数の条件を満たす場合、配偶者が65歳になるまで給付されます。生年月日によりますが、年額39万円（月額約３万２５００円）程度のことが

多いようです。

妻が65歳になるまでの期間限定の給付なので、私は、老齢厚生年金を65歳から受け取ることに決めています。妻との年齢差は約12歳ですから、76歳までの年金月額は８万５００円になる見込みです（図表の②）。

一方、老齢基礎年金は、65歳からではなく、70歳から受け取るつもりです。受給開始を５年間遅らせると42％も金額が増えるからです（これ以上の運用手段はないと感じます）。そうすると、受給額は約６万５０００円から約９万２０００円に上がります。

結果、70歳以降の受給額は、加給年金がある76歳までは月額17万２５００円（図表の③）、77歳以降は約14万円（図表の④）となります。

２０２２年４月からは、受給開始年齢の上限が75歳になりますから、今後の健康状態などによっては、さらに受給開始年齢を後にして受給額を増やす選択肢もあるかと思います。

年金の「資産寿命」は終身だ

いずれにしても、年金だけで余裕がある暮らしができるとは思えません。しかし、「老後資金の土台は、国の年金以外にない」とも実感します。長寿化に伴い「資産寿命」が話題になる機会も増えていますが、年金の資産寿命は「終身」だからです。

医学博士で医療情報学などの専門家である永田宏さんの試算によると、1959年生まれの男性は50%の確率で89歳まで、25%の確率で95歳まで生きます。仮に90歳まで生きると年金受給額は70歳以降の20年に限っても約3800万円に達するわけです。

現時点で、それだけの貯蓄はありませんし、この先70歳まで働いても数千万円のお金を残せるとは思えないので、公的年金抜きの生活設計は考えられないのです。

もちろん、63歳までに亡くなると給付はゼロですが、「もともと、そういう問題ではない」と理解しています。国の年金は「社会保険」の名のとおり、「長生きリスクに備えられる保険」だからです。本来、常に「年金保険」と呼ばないといけないのです。

いわゆる「掛け捨て」の死亡保険で、若い人が数千円程度の保険料で1000万円単位の死亡保障を持てることを考えるとわかりやすいでしょう。

年金保険では、早々に亡くなった人の保険料を払い戻ししないからこそ、長生きする人に「終身年金」を約束できるのです。

「現役世代が受ける恩恵」も考えたい

さらに「年金保険」においては「現役世代が受ける恩恵」も考えてみる必要を感じます。「年金保険がない国」を想像するとかわりやすいかもしれません。

日本の年金保険は、他の先進国と同じく、現役世代が支払う保険料を高齢者に仕送りする「賦課方式」で運営されています。そこで「今まで自分が払ってきた保険料に相当する額のお金で、親の老後の面倒を見ることができただろうか？」と自問してみるのです。

私の場合、両親は既に90歳前後なので、仮に父が仕事をやめた後、月額20万円くらいの生活水準で暮らしてきたとしても、今日までに７０００万円を超えるお金がかかったことになります。父の退職金や貯蓄で賄える額ではありません。

一方「ねんきんネット」で「年金記録」を確認すると、私がこれまで支払った保険料の総額は約９００万円です。36歳まで続けた会社員時代の月収は「年齢×１万円」くらいで、大手生保の営業職～乗り合い代理店～フリーランスの著述業では、年収１００万～９００万円台まで変動が大きいものの、均すと４００万～５００万円程度でしょうから、こんなものなのかもしれません。

いずれにしても、家族による自助自力では今日まで平穏な日々を送ることはできなかっただろう、と思われるのです。

もちろん、このように保険料と年金額を比べて「損得」を語るのは間違いであることは承知しています。そもそも年金保険は自助努力による積立制度ではないからです。ただ、筋が悪いことを承知の上で、自分の保険料負担額と受給見込み額を比べてみても、大幅なプラスです。

「今の若い世代だと話が違うのではないか?」と感じる人もいるかもしれません。しかし、老齢基礎年金の半分は税金で賄われています。また、厚生年金の保険料も会社が半分を負担しています。

したがって、個人の負担額と受給額の単純比較は邪道であることを知りつつ、あえて損得を言うと「かなり得」なはずなのです。このことは若い人たちにも知っておいてほしいと思います。

また、年金受給者のお金が消費に回ることで、現役世代の生活が支えられる側面についても想像してみる必要があるでしょう。社会保障は、世代間の不公平感などが語られやすい分野だと感じますが、複数の視点を持つと認識が変わってくるはずなのです。

あらためて、私の受給見込み額に戻ると「悠々自適」には遠いかもしれません。ただ、繰り返しになりますが、年金は保険です。「保険金だけで一生遊んで暮らせる」のはおかしい気がします。現役世代の負担も大変でしょう。

したがって、年金の給付水準はこれくらいでいいように感じます。たとえば、海外旅行などを楽しみたい人は、自己資金を使ったらいいと思うのです。

「長く働く」のが一番

公的年金の受給見込み額をもとに、老後資金について考えた結果、私が出した結論は「長く働く」です。理由は3つあります。

1　年金受給額は減るかもしれない
2　運用はあてにならない
3　「高齢者の増加」より「勤労者の減少」が痛い

まず、年金受給額は現時点での試算額より減ると見ています。年金制度の歴史を調べると、予想を上回る寿命の延びが、制度変更を促す要因になっているからです。

また、保険料負担には2004年に上限が設けられています。高齢者の増加や物価上昇に合わせて年金を増額すると、国民（特に現役世代）の負担も上がる一方だからです。

保険料に上限がある以上、今後、さらに長寿化が進むと、年金給付額はそれなりに減るでしょう。その可能性は高めに見ておいたほうがいいはずです。

次に、老後資金には、年金だけではなく自己資金も利用できますが「運用はあてにならない」と考えることにしています。

運用は「やらないよりやったほうがいい」と思ってはいるのです。また、長期にわたり、株式中心の運用を行うと、お金が増えやすいことは、歴史も証明しています。とはいえ、自分の老後の状況に合わせて、都合良く株価が推移すると思わないほうがいいはずです。

したがって、運用に投じるお金は、たとえば「半分に減っても家計に決定的な影響を与えない」くらいの額にすることが重要だと思います。減ってもいいお金の額は、人によって違うとしても、運用に回す金額でリスクを調整するわけです。

私の場合、50歳くらいから始めた「iDeCo（イデコ・個人型確定拠出年金）」の積立金が「運用しているお金」の大部分を占めています。60歳で積み立ては終わっていますが、70歳くらいまで運用を続けるつもりです。

iDeCoでは、世界中の株式に分散投資できる投資信託を利用しているため、2020年の残高はコロナ禍の影響で600万～900万円くらいの幅で変動しました。3月の下落時には「このまま下がり続けたら怖い」と感じましたが、仮に300万円くらいまで下がっても、年金の見込み給付額に比べると影響は知れています。したがって、当面、株式中心の運用を続けることにしています。

このように、年金受給額が減る可能性、運用の不確実性を考えると「やはり、先行きは暗い」と感じる人もいるかもしれません。ただ、近年「若い時ほどお金を使わなくなった」事実もあります。加齢とともに、遊興費や交際費が激減しているのです。お金のことを考えて外で飲む機会などを減らしたのではなく、家で飲むほうが好きになったのです。

このあたりは、個人差が大きいかもしれませんが、私の場合（あくまで自然に）行動範囲が縮小していることなどから、年金受給額の範囲で日常生活をやりくりすることも可能ではないかと感じています。持ち家で借入金はありませんし、76歳以降は、現時点での試算で月額10万円程度とはいえ、妻の年金も給付される見込みで、月収25万円くらいになります。

そこで、自分の貯蓄などは、自宅のリフォーム代や医療・介護用の資金として確保しておくのがいいだろうと考えています。運用に向けたお金も生活資金としては見込まないことにするのです。大まかに言って、年金の減額などを想定すると、夫婦が月20万円くらいで暮らしていくイメージです。

20万円のなかから、おそらく今の高齢者より多額の税金や社会保険料を払うことになるでしょう。

それでも、悲観はしていません。「まだ働ける」と感じているからです。たとえば、あと

10年働いて、毎月2万円積み立てると、運用益ゼロでも240万円になります。現時点の金融資産を正確には把握していないのですが、「確定拠出年金」の残高も含めると1000万円くらいはあるでしょう。

合算して1200万円とすると、70歳以降、毎月4万円取り崩しても25年持ちます。派手な暮らしをする気もないので、途方に暮れることにはならないと思うのです。

3番目に「年金だけで暮らせる」と思える制度があっても仕方がないことを強調しておきます。仮に全国民に60歳から年金年額600万円が確約されているとします。

一般的な水準を大きく上回る収入があり、老後も現役時代並みの生活を維持したい人以外、60歳で退職したくなるかもしれません。

すると、大変困ったことになると思われるのです。物を作り、サービスを提供する人が減るからです。当然、物やサービスの値段が上がります。「お金ならあります」と言う人が増えているとなおさらです。その時、年金受給額の額面は多くても、価値（購買力）は激減するのです。さらに、いくらお金を積んでも物やサービスが不足するケースも考えられます。それが、医療や介護の分野で頻発したらどうなるでしょうか。

想定できそうな事例を私なりに加えてみましたが、これは2013年にIMF（国際通貨基金）主催の年金制度に関するイベントで、イギリスの経済学者ニコラス・バー氏が紹介した考え方です。「生産物が重要（Output is central）」という言葉で語られています。私は権丈善一さん（慶応大学教授）の著書で知りました。

「老後にお金だけあっても仕方がない」と納得できたら、判断は簡単です。できるだけ長く、物やサービスを提供する側に居続けることにします。幸い、今関わっている仕事はどれも「やらされている感」がまったくありません。生活の一部というか、そんな感覚なので、無理なく続けられるのではないかと思っています。

総じて「自身の老後資金」を計算しながら痛感したのは、「社会の成り立ち」みたいなものに思いを巡らせてみることの大切さでした。自分のお金ばかり気にしていては見えてこないこと、学校や会社で学ばない知見がたくさんあるのです。

「介護」や「認知症」に備える保険はどうする？

ところで、年金受給額を推計し「何とかなる」と思えたとしても、「不測の事態」が起こることもあるはずです。その時はどうしたらいいのでしょうか。

年金保険と同じように、国の健康保険や介護保険に関しても「今後は保険料負担が増え、給付はカットされることが予想されるので、民間の保険での備えが必須、これからは認知症に備える保険も必要だろう」と言う人もいます。

ただ、私は民間の「医療保険」はもちろん、「介護保険」や「認知症保険」も検討に値しないと考えています。長寿化が進み、他人事とは思えないくらい、要介護状態になる人や認知症にかかる人が増えるとしたらなおさらです。

保険会社は、給付金支払いが増加・長期化することを見込んで、保険料を高めに設定するはずだからです。

時代が変わっても、「加入者から保険料を集めて有事に備える」保険の属性は変わりようがありません。身近に感じられるリスクであるほど、手ごろな保険料で手厚い保障は難しいのです。冷静になりたいと思います。

実際、現行商品はかなり割高に感じます。たとえば、「週刊ダイヤモンド」保険特集号（2020年7月4日）の介護保険ランキングで1位だった朝日生命「あんしん介護」です。40~50代から加入すると、かなり遠い将来に備えることになるため、60歳の女性が加入する場合で、試算してみます。プランは同社のサイトにある、年金と一時金がセットになっているモデルプランです。

要介護1以上の状態になると、保険料払い込みが免除され、要介護1~5の状態に応じて、図表30の年金額が、要介護状態が続く限り、一生涯支払われます。また、要介護3以上

図表30 「あんしん介護」基準介護年金額30万円の場合

要介護1	要介護2	要介護3	要介護4	要介護5
10万円	15万円	20万円	25万円	30万円

出所：朝日生命サイトより

になった場合、一時金１００万円も支払われます。

年金受取額は、所定の状態が何年間続くかによって変わりますが、生命保険文化センター「生命保険に関する全国実態調査」（２０１８年度）によると、介護期間の平均は４年7カ月なので、５年として計算します。

年金額は、５年間で要介護1から5まで状態が悪くなったことにして、総額１００万円とします。すると受給総額は２００万円です。いっぽう保険料は毎月９４００円ですから、78歳になる前に２００万円を超えてしまいます。

あらためて、生命保険文化センターのサイトで「介護や支援が必要な人の割合」を見ると、80～84歳で27・０％、85歳以上で59・３％となっています。

したがって、60代で２００万円くらい用意できる人であれば、バカバカしいと感じるのではないでしょうか。

認知症に備える保険も似たようなものだと感じます。やはり「週刊ダイヤモンド」保険特集号（２０２０年7月4日）の認知症保険ランキング1位だったＳＯＭＰＯひまわり生命「笑顔をまもる認知症保険」をチェックしてみます。認知症の前段階の軽度認知障害（ＭＣＩ）と診断されると、5万円が給付される点を評価するファイナンシャルプランナーなどもいます。ＭＣＩの段階で適切な治療をすれば、認知症の発症を遅らせる効果などが期待できるためです。

他に「ＳＯＭＰＯ笑顔倶楽部」で、認知症への理解を深めるための情報提供や予兆の把握、認知機能低下予防の取り組みを支援するサービスも受けられるようですが、予防への取り組みなどは保険契約抜きでできることだと思います。

初めて医師により認知症と診断確定された場合に支払われる100万円（軽度認知障害と診断され5万円受け取っている場合は95万円）という金額は、保険で用意したい人もいるかもしれません。

しかし、問題は保険料です。ＳＯＭＰＯひまわり生命のサイトには、2012年に462万人だった認知症患者が2060年には1154万人に達するという推計例も出ていますが、認知症になる人の割合はわかりません。

そこで生命保険文化センターのサイトにアクセスすると、「認知症の人の推定人数・有病率の将来予測」というグラフがありました。

認知症の危険因子である糖尿病の有病率が、2012年から2060年までに20％上昇すると仮定した場合、最も認知症有病者が増え、2060年の有病率は33・3％に達していま す。

つまり、高齢になると、多くて3人に1人くらいが認知症になるのかもしれません。ところが、通信販売プランで試算したところ、60歳から加入する場合、男性は81歳、女性は77歳になる前に保険料総額が100万円を超えるのです。

「笑顔をまもる認知症保険」には、骨折治療給付金10万円、災害死亡給付金100万円という保障もありますが、認知症に備える目的での加入は考えられないでしょう。

あれば加入したい 掛け捨ての「終身年金保険」

私が老後に備える保険で「あれば加入したい」と思うのは、国の年金保険のような、掛け捨ての「終身年金保険」です。

公的年金の受給額は、「マクロ経済スライド」という仕組みにより、賃金や物価が上昇すると増えるものの、「賃金や物価が上昇するほどは増やさない」ことになっています。現役世代の負担を抑えるためです。それはそれで良いと思います。ただ、たとえば、年金受給額が減り、税金・社会保険料・医療費などの負担が上がる場合、自己資金を取り崩しながら生活する期間が長引くと、さすがに困ったことになるかもしれません。

そんな事態に備えて、老後資金を効率的に補完できる民間の保険があれば助かると思います。この場合の効率とは「まとまっていないお金（保険料）で、まとまったお金（年金）が用意できる」ことです。

したがって、従来の貯蓄商品とは違って、加入者が死亡しても、中途解約しても、保険料が払い戻しされないことが重要です。

このような仕組みは、考案者とされる17世紀のイタリアの銀行家ロレンツォ・トンティの名をとって「トンチン年金」と呼ばれています。

近年、日本でも、複数の保険会社が、解約時の払い戻し率を抑え、年金受給額を増やした「トンチン年金」を販売しています。しかし、どれも従来の「貯蓄商品」の域を出ていません。保険会社には、もっと違った提案ができると思うのです。

厚生労働省「第22回生命表」を見ると、0歳時点で10万人の集団（男性）が60歳時には約9万3000人になります（図表31）。その後の推移は図表31のとおりです。80歳以降の生存者の減り方が目立ちます。そこで、たとえば60歳から70歳まで保険料を払い、年金は85歳以降に受け取る「長寿者〝専用〟保険」があったらどうでしょうか。

保険料払い込み期間中の死亡時はもちろん、解約時の払戻金もなくして構いません。「長

図表31　生存者数の推移

（単位：千人）

男性		女性	
0歳	100	0歳	100
60歳	93	60歳	96
70歳	83	70歳	92
80歳	63	80歳	81
85歳	45	85歳	69
90歳	25	90歳	49
95歳	9	95歳	24
100歳	2	100歳	7

出所：厚生労働省「第22回生命表」

生きていない時点」で発生する事態だから保障しないのです。そうすると、平均余命を超えて長生きするような人の年金受給額が、相対的に多くなるはずです。

男性の場合、60歳時の生存者は約９万３０００人、70歳まで生きるのは約８万３０００人ですから、間を取って半数の８万８０００人が毎月１万円を10年間積み立てると積立金額は１０５６億円になります。そのお金がまったく運用されなくても、85歳時点での生存者数は４万５０００人ですから、一人あたり１２００万円の保険料に対し、生存者への年金原資は約２３３５万円に達する計算です。

金利や保険会社の運営費など、保険料設定に関わる諸々の要素は無視した商品イメージに過ぎません。それでも、現在の貯蓄商品とは比較にならない多額の給付を見込めるはずです。

「長生きしないと損！」と感じる人は考え方を変えてほしいと思います。これは自分の将来に備える貯蓄（自助）とは違う、保険（共助）なのです。

たとえば、現役世代が数千円の保険料を払うだけで、一定期間、1000万円単位の死亡保障を持てるのは、生存者に払い戻されるお金がないからです。

死亡保険について「早死にしなければ損」ではなく「低料金で大きな保障が持てる」と受けとめられるのなら、予想以上に長生きするケースに備える保険の仕組みにも納得がいくのではないでしょうか。

「医療費がゼロになる」保険

ほかに、あっても良さそうに思うのは、「健康保険の自己負担分がゼロになる」保険です。現状、健康保険の「高額療養費制度」で、個人のひと月の医療費負担には上限があります。したがって「医療保険」の章に書いたように、老後の医療費などは、健康保険と自費での対応が基本だと思います。

ただ、老後資金を十分確保できない人もいるでしょう。すると、限られた額であっても、負担が長期化する場合など、家計への影響が懸念されます。

そこで、自己負担額が補填される保険があると良いのではないかと思います。

たとえば、70歳以上で年収156万～約370万円の人には、月に個人の外来で1万8000円まで、世帯では5万7600円まで補塡され、住民税が課税されない世帯では2万4600円や1万5000円まで補塡され、自己負担はゼロになるわけです。

あるいは「多数回該当」のケースのみ、対象とする手も考えられます。過去12か月以内に3回以上、高額療養費制度の上限額に達した場合、4回目から「多数回」該当となり、上限額が下がる仕組みなので、4回目以降を保障するのです。すると、住民税が課税される70歳以上の人で一般的な収入なら、保険金額の上限は月額4万4400円です。

年収が低い区分では、補塡すべき額も小さく、保険料も安くなるのがポイントです。「日帰り入院で一時金最高40万円」「がんと診断されたら100万円」といった商品より、保険会社の負担も抑えられるのではないでしょうか。

このような商品設計の考え方は、「公的介護保険」を補完する民間の保険にも応用できそうです。

また、保障内容が「自己負担分の補塡」だけになると、商品の比較も容易になるかもしれません。仮に、保険料が著しく違う商品がある場合、保険会社による「サービスの違い」などについて、考えやすくなるのではないでしょうか。

さらに、商品のリニューアルも公的制度の改定時くらいになるはずです。医療保険やがん保険で、各社が数年おきに新商品を発売し「一生涯の保障の頻繁な買い替え」を促すようなこともなくなるのではないでしょうか。

なお、先に触れた「トンチン年金」も含め、私が商品開発を望む保険では、手数料等はすべて開示され、剰余金の大半が還元されることを前提にしています。

したがって、この先、本来の意味での「トンチン年金」や「医療費がゼロになる保険」などが登場しても、契約に要する費用などが不明な場合、新たな「不安産業の商材」と見て、検討しないことにします。

「漠然とした不安」はあって当然

老後に関して、資金面などはもちろん、「漠然とした不安」を語る人が多いのは、未来は誰にもわからないからでしょう。不安になって当然だと思うのです。しかし、何が起こるかわからないのですから、「万全の備え」など存在するわけがありません。「正解」もありませんから「ないものを求めて悩んでも仕方がない」と感じます。

そこで、私が意識しているのは「自分にできること・できないこと」を分けてみることです。たとえば、公的年金保険について学ぶことはできます。現役で仕事をする期間を延ばし、受給開始時期を遅くする努力も、成果はともかく、意識的に取り組めます。

「iDeCo」や「つみたてNISA」など、個人の長期的な資産形成に役立つ制度を利用するのも「できること」です。手数料が安い投資信託などが増えているのも追い風でしょう。小規模企業の経営者や役員、自営業者は、廃業や退職時まで、掛金の全額が所得控除の対象となる「小規模企業共済」でお金を積み立てることもできます。

私は資金繰りの関係で「iDeCo」のみ利用してきましたが、60歳で「iDeCo」の積み立てが終わってからは、「つみたてNISA」と「小規模企業共済」にも一定額を積んでいます。

それに、長寿化で「老後が長くなる」と言う人もいますがどうでしょうか。私は「老後の訪れが遅くなっている」と受けとめています。同世代の人たちと接していても、昔の60代より若いように感じるのです。すると「老後に備えられる期間も長くなっている」と認識できます。

いっぽう、年金受給額が減る可能性などは運任せです。年金受給額が景気や賃金の影響を受けることはわかっていても、自力ではどうしようもないからです。

心もとなく感じる人もいるかもしれません。とはいえ、私たちは、いつも運を天に任せ、無防備なまま過ごしていると思うのです。少なくとも私は、外出時に災害への備えをしていません。荷物は、極力、少なくしたいので、ラジオや非常食など常備しないままです。

2011年の東日本大震災の後、スニーカーやトレッキングシューズで外出していた人も、いつのまにか、サンダルやドレスシューズで出かけたりしていないでしょうか。是非を問いたいのではありません。将来への漠然とした不安を語るのは、心に余裕があるからだと思うのです。今日・明日、食べるもの、住むところに困っていたら老後資金の試算などはやっていられないでしょう。

私は、天災など「今日は起きない」ことにして丸腰で暮らしながら、本章の原稿を書くために、年金受給額のシミュレーションを見ている自分を「ずいぶん、いい身分だな」と思ったりもします。戦乱がない時代にこの国に生まれてきたこと、さしあたって、大きな問題を抱えていないことは、普通ではなく、奇跡かもしれないからです。

人は、自分では何もできない状態で生まれてきます。そして最後には薬や他人の力を借りても何もできなくなります。どんなにお金があっても、命に終わりがあることを知り、土に還る定めなのです。その間（直接、手を下さないだけで）、日々、数えきれない動物や植物の命を奪いながら生きていることも忘れてはいけないでしょう。あげくに、晩年まで「変わらない安心」や「充実した日々」を求めるのは、いささか欲が深すぎないでしょうか。

たとえば、「老後も輝き続ける」生き方なども、数ある価値観の1つに過ぎず、「『一億総活躍社会』など政府が決めることか？」と考え「ただ、のんびり暮らす」のも大いにありだと思うのです。

私は（自分の）老後については「思い通りにいくわけがない。履きこんだ靴が傷んでくるように、心も体も衰えて当たり前。周囲の人も含め、痛みや苦しみが少なければ幸運至極」と考えています。そして、できれば、確実に損なわれていくものを嘆くより、ありふれた景色の中にも、日々を照らす何かを見つけられる老人になりたいと思っています（お金がかからなさそうだから……という理由ではありません。念のため）。

本章のまとめ

❶ 老後の資金繰りは、ねんきんネットで「年金受給額」を確認し試算したい

❷ 年金受給額の減額や、貨幣価値の変動等を考慮すると「長く働く」のが、最良の備えかもしれない

❸ 保険会社には「トンチン年金」などの開発を期待したい

第8章

「(余計な)損をしない」保険活用法

(実践編)

保障目的の保険は、掛け捨てが基本なので、もともと「損を覚悟で利用すべき手段」です。また、安全・確実に大きくお金を増やせる保険もありません。

したがって、「余計な損を避ける」のが保険活用の王道です（王道は地味なのです）。本章では、具体的にどうしたらいいのか、日ごろ、一般の人たちから頂く質問に答える形式で記していきます。

Q 保険の加入や見直しは、どこから手を付けたらいいのでしょうか。

A 健康保険など公的な保障と、勤務先の福利厚生制度を確認して下さい。

まずは健康保険など、公的な保障の内容を知ってください。たとえば、世帯主の死亡時に「遺族年金」があります。

医療費に関しては別章で触れてきたように、健康保険に「高額療養費制度」があります。大手企業の健康保険組合などでは、「付加給付」という独自の追加保障があり、自己負担の上限がさらに下がることもあるのです。

また、健康保険には「傷病手当金」といって、欠勤4日目から最長1年半、所定の計算式で算出した報酬日額の3分の2を給付する制度もあります。すでに「長期所得補償保険」に加入しているような状態なのです。健保組合によっては、3年間、日給の80%を保障しているところもあります。

さらに勤務先の福利厚生制度のなかに、死亡保障などが組み込まれていることもあります。

民間の保険への加入を検討する前に、公的な保障と勤務先の諸制度の確認が不可欠です。

Q いろんな保険があって、何をどう選んだらいいのかわかりません。良いお手本はないでしょうか。

A 「自動車保険」の入り方がわかりやすいです。

保険を検討する際、重要なのは優先順位をつけることです。「自動車保険」は、一般の人が正しく優先順位を判断している例です。

特徴は、人やモノに損害を与えた時の賠償責任に関する保険金額を「無制限」に設定することです。事故で人を死に至らしめた場合など、賠償金の額が億単位に達することもあるからです。そのため、3000万円や5000万円といった定額ではなく無制限にしているわけです。

一方、車自体を対象とした「車両保険」には加入しない人もいます。仮に盗難に遭っても中古車を買い換えれば50万円くらいで済むといった場合、「臨時の出費としては大きくても、自分で出せない額ではない」と判断しているのです。

また、車両保険に加入する場合でも、たとえば車体をガードレールで擦ったような時、修理費等10万円までは自己負担にするプランを選ぶのもよくあることです。

死亡事故の加害者になるような、頻発はしないものの巨額のお金が必要になる事態にはしっかり保険で備える。そのかわり、車体に傷がつくような、発生しがちではあっても「自己資金で対応できそうな事態には保険を利用しない」ことにして、保険料負担を抑えるのです。

「火災保険」でも、家屋のみ加入し、家財（家具やその他の所持品）には保険をかけない人が珍しくありません。

加えて、「貯蓄性」にこだわる人もいません。迷わず「掛け捨て」の保険を利用しているのです。

ところが、損害保険の分野では理にかなった判断ができる人でも、生命保険に関しては

「日帰り入院でも5万円もらえる保険が良い」と言ったりします。

車両や家財などの「物にかける保険」と、「自分自身にかける保険」では、心理面の影響からか、判断が変わりやすいので要注意です。

また「自分で用意できるお金」の範囲を預貯金の額などに限定しないことも大切です。国の保障もあります。勤務先の保障に恵まれている人もいます。年齢や家族構成によっては、親や子供のお金も広い意味での自己資金に見込めるかもしれません。

損害保険の利用法に倣うと、生命保険で検討に値するのは次章にも書いているように、

1　子供が自立するまで世帯主の万が一に備える

2　長期間、病気やけがで仕事に就けない状態が続く場合、収入を補填する

3　相続対策を行う

くらいです。

今、入っている保険を見直す場合も、1〜3に該当しない保険契約は減らす方向で進めるのが正解です。大病に罹っている場合や、入退院を繰り返すような健康状態でなければ、最小限の契約にとどめることにするわけです。

Q 新規加入ではなく「見直し」の対象になる保険はどんなものでしょうか?

A 「自分で説明できない保険」はすべて見直しの対象になります。

「自動車保険」の入り方をふまえると、一般家庭に必要な保険は、世帯主が期間限定で死亡保障を持つくらいだと考えられます。

それは、「素人が自分で説明できる保険」でもあるはずです。たとえば「自分が亡くなったら、子供が大学を卒業する年まで、毎月20万円が支払われる」といった内容であれば可能だと思います。

逆に複数の特約が付加された保険や貯蓄性も絡む保険になると、難しいでしょう。本当に必要な契約なのか、一度確認することをおすすめします。

金利が高かったころの「お宝契約」と呼ばれる貯蓄商品でも、多数の特約が付加されていて「貯蓄になっていない」ケースなども散見されるのです。保険の見直しは頻繁にする必要がなく、効果は持続しやすいので、やりがいはあるはずです。

Q 誰に相談したらいいのでしょうか？

A 保険販売に関わっていないアドバイザーに、相談料を払って助言を求めるのが、無難でしょう。

特定の保険会社の営業担当者や代理店、保険ショップや銀行を含む複数の保険会社の商品を扱う代理店は、保険が売れるほど潤う人たちです。彼らがＦＰ（ファイナンシャルプランナー）の有資格者であっても、顧客とは「利益相反」の関係です。

必要最小限の加入にとどめるには、保険販売から収入を得ていないアドバイザーに相談料を払って助言を求めることです。

「英会話スクールで受講料がタダの場合、高額な教材の販売に力が入るはずだ」「医者が診察料を取らなかったら、不要な薬でも投与されるのではないか」などと想像してほしいのです。

有料相談を検討する際、気をつけてほしいのは「独立系」と呼ばれるＦＰです。相談料を取りながら、代理店業務からも収入を得ている人が少なくありません（紛らわしいので、私は「販売系」ＦＰと呼んでいます）。

代理店業務に関わっているFPの助言は、保険加入を促す方向になりがちです。私がセカンドオピニオンを求められたお客様のなかには、健康保険組合の「付加給付」制度で、1カ月の医療費の自己負担限度額が2万円であるにもかかわらず「終身医療保険」への加入をすすめられている人がいました。

各種媒体での露出も多いFPですが、勤務先の福利厚生制度や健康保険の確認などは行われなかったそうです。「保険ありき」「加入ありき」ではないかと感じます。

ただし、保険販売を行わない者による「有料相談」が最善と言うつもりはありません。デメリットもあるのです。

まず、費用は確実に発生するにもかかわらず、有益な助言が得られるとは限りません。実際、ある媒体の人が、販売業務に関わっていないFPに「保険見直し事例」の記事を依頼したところ、助言の内容に疑問があり、企画段階でとりやめになったこともあります。（私は、その媒体の人から記事に関するセカンドオピニオンを求められたので「アドバイザーの力量を疑う」と返信しました）

また、アドバイザーには、得手不得手もあります。私の場合、税務や相続関連の問題には強くないので、会計事務所などをご紹介することにしています。

さらに代理店の仕事を辞めて痛感するのは、商品知識が浅くなることです。プレスリリースやパンフレットに書かれている情報レベルにとどまります。

したがって「知る人ぞ知る優良商品」や「知っている人だけ得する裏技的加入法」を知りたい人の期待には応えられません。

それでも私は、有料相談が望ましいと思っています。無料相談で、顧客本位の助言をしている担当者もいるかもしれませんが、担当者の「良心」に頼るより、顧客側に立てる「仕組み」が浸透するほうがいいと思からです。

私自身、有料相談が収入源の一つなので、自著を使って宣伝活動を行っているのではないかと、疑ってもらって構いません。相談料は余計な損を避けるための費用、「用心料」だと考えてほしいのです。

Q 担当者との面談時に準備しておきたいことがあれば教えてください。

A 「録音」の用意をしておきましょう。

保険の相談で最も困るのは「『元本保証です』と言われたから契約したのに、お金が減っている。契約をなかったことにしたい」といった案件です。担当者などとのやり取りの記録を残しておらず、記憶をもとに不満を述べる人が多いのです。

お客様は、保険加入申し込み時に「意向確認書」に署名しています。自身の意向に沿った契約であることを確認した記録が残っているわけです。保険会社に苦情を伝えても「言った」「言わない」を繰り返して消耗するだけだと感じます。仮に訴訟を起こしても勝てるとは思えません。

そこで、おすすめしたいのが、面談時の録音です。専用のボイスレコーダーを用意しても、出費は数千円程度です。面談相手の「甘言抑止」効果も見込めるかもしれません。

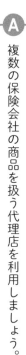

本来、保険会社がやるべきだとも感じますが、会社でデータを編集される可能性も考えられます。お客様の手元にデータがまるごと残ることを重視し、録音ができない面談は断るくらいで良いと思います。

Q 「加入すべき保険」が見えてきたら、どうしたらいいですか？

A 複数の保険会社の商品を扱う代理店を利用しましょう。

たとえば、「子供が自立するまでの間、世帯主の死亡保険に入る。『定期保険』より『収入保障保険』が良い、ほかの保険は不要だ」と結論が出たら、複数の保険会社の商品を扱う代理店でプランを比較しましょう。

基本的に保険料が安いほど良いので、一社専属の営業担当者や代理店と接点を持つのは時間の無駄です。

- 特約は付加しないこと
- 他の商品は眼中にないこと

を宣言して、比較検討と手続きの窓口として利用することです。

また、複数の窓口に依頼することも大切です。多くの会社の保険が比較できることを売りにしながらも、キャンペーン中で手数料が上乗せされる場合や、一定期間内の販売目標を達成したい事情がある場合など、特定の会社の商品を推奨してくることがあるからです。

なお、いくら厳選したつもりでも、数年もしない間に、より安価なプランなどが登場するのもよくあることです。「誰よりも得する保険に入ろう」と意気込むより「とにかくダメな保険に入らないことが大事。入る保険については上位に評価されていればトップでなくてもいい」と鷹揚に構えていただきたいと思います。

Q なんだかんだ言っても大手が安心な気もします。保険金の支払いや経営破綻など、心配ないのでしょうか？

A 大手だから安心とは限りません。

時に、認知度が低い商品について語ると、「大手でなくても大丈夫なのでしょうか」と反応する人もいます。たとえば、2019年と2020年に発覚した、かんぽ生命と第一生命の不祥事を思い出していただきたいと思います。「大手が安心」などと思い込むのは危険でしょう。

「保険料が安くても、いざというとき、（各種給付金の）支払いが悪いと困る」と言う人もいますが、大手だから支払いが早く漏れが少ない、といったデータもありません。

むしろ2005年から08年にかけて保険金の不払い問題が発覚した際、最も悪質だったのは、事務的ミスなどではない「意図的な不払い」があり、金融庁から2度の業務停止命令を受けた明治安田生命だったことを忘れないでいたいと思います。

保険金支払いを重視するのであれば、加入する保険の本数を必要最低限とし、特約などが付加されていないシンプルな契約を結ぶことです。それは保険の活用法としても正しい選択です。

「規模が小さい会社の場合、財務体質等に問題はないのか」と不安を感じる人たちにも、同じことを伝えたいと思います。会社の規模から経営破綻などを想像するのであれば、やはり、契約そのものを少なくすると良いのです。

一般に経営破綻の影響を大きく受けるのは、終身保険・養老保険・個人年金保険・学資保険といった資産性がある契約です。解約時の払戻金や満期金などが大幅にカットされることもあるからです。

しかし、いわゆる「掛け捨て」の保険では、それほど心配しなくていいと思います。あらかじめ、保険金支払いを多めに見込んだ価格設定がなされているので、他社が契約をそのまま引きついだ場合でも差益を得られる可能性大ですから、契約内容が大きく変更されることはないと思うのです。

それに、たとえば歴史が浅い会社の商品であっても、透明性が高い仕組みであることなどが認められる場合、「こんな会社に大きくなってほしい」と応援できるのも消費者なのです。「優良な会社や商品を育てられるのは自分たちだ」という認識も持ってほしいと思います。

Q 解約したい場合は、どうしたらいいですか？　担当者と「付き合い」があるケースなど、ストレスなく乗り切る方法があれば教えてください。

A 解約は契約者の権利なので遠慮することはありませんが、「うまい」と感じたやり方もご紹介しておきます。

解約したい場合は、コールセンターに一報しましょう。「窓口までお越しください」と言われたら「郵送ですませたい。たとえば、仕事で海外に赴任している人にも窓口に来てもらっているのでしょうか？」と尋ねましょう。

「担当者に連絡して対面で手続きする決まりだ」と言われても、「約款に書いてありますか？　担当者に会う時間がもったいない」くらいのことは言いましょう。

人間関係がある担当者と対面で手続きをせざるを得ない場合は、「いままでありがとう。頑張って」と言いましょう。「もう決着はついている。今後は自分以外の人から成績をあげてほしい」というニュアンスを伝えるのです。

私が会ったお客様のなかには、解約に限らず、親しい営業担当者と会う時はお茶代などでも自分が出し、相手に借りを作らないことに徹している人がいました。

友人が担当している契約を解約する際には、友人の職場の近くまで行って、手土産も渡し「世話になった」とお礼を言ったそうです。「終わったことなのだ」と実感させるうまいやり方だと思います。

なお、営業担当者や代理店にとって特に痛いのは、契約後1～2年以内の解約です。保険会社から報酬をカットされたりするからです。

加入後の経過年数にかかわらず、不要な契約は解約して構わないのですが、５年も10年も経過している場合、担当者のダメージは軽いことも知っておいていいでしょう。

Q 「医療保険」など、解約した直後に入院するような事態を想像すると、思い切るのが難しいです。どのように考えたらいいのでしょうか。

A 人間関係に置き換えてみると割り切れるでしょう。

ある保険会社の人に、この質問を私信のメールで送ってみたところ、「知るか!?」と一言だけ返信がありました。

人は年を取るので、解約後に入院したり死亡したりする可能性は、解約前より高くなります。一生涯の保障がある保険であれば、高齢になってから、保険の出番が増えることも容易に想像できます。

しかし、解約を考える際は、そんな可能性も込みで、給付金を調達する際の費用が高くつくことを問題視しているわけです。そうであれば、迷うことはないでしょう。

人間関係に置き換えると「今後、行動が改善されるとしても、もともと感心しない相手なのだから、すみやかに関係を切る」というイメージで、決断してほしいと思います。

Q

「終身保険」のように解約時に払い戻されるお金がある保険で、いままで払った保険料を下回る解約返戻金しかない場合、特に短期だと大きな損が出るので決断が難しいです。どうしたらいいでしょうか。

A

お気持ちはわかります。しかし、手数料など「既に他人の口座に入ったお金」は戻ってきません。「早く気づいて良かった！」のです。

保険料を月々積み立てていく契約の場合、加入後、数年くらいで解約すると、通常、大幅な元本割れが生じます。経過年数が長くなるにつれ、払い戻し率は高まるので「もう少し我慢してショックがやわらぐ頃に解約したい」と考える人もいます。

ただ、お金の流れを考えてみてほしいのです。解約時に大きな損が出るのは、契約した年度に営業担当者や代理店に支払われる販売手数料が高額だからです。

ということは、販売手数料は既に他人の口座に入っていて、お客様の積立金の運用には回らないわけです。

したがって、契約継続の是非は「今後、お金が増えるかどうか」という一点で判断することにします。数年でもマイナスが続くのであれば、すぐに、お金を引き揚げるほうが得策です。戻らないお金を惜しむより「ダメな契約に使ったお金と時間が一番少ないのは今。早く気づいて良かった！」と考えましょう。

なお、解約時に払い戻しされるお金をすぐに使う予定がない場合は、「払い済み」という選択肢もあります。

「払い済」にした後は、保険料の払い込みが不要になり、現時点での積立額に相当するサイズに縮小された契約に変わります（図表32）。

仮の数字ですが、保険料を払い続ければ１０００万円の保障が続く終身保険で、３００万円の積立金が貯まっている場合、４００万円くらいの保障額に下がった状態で保障が続くことになります。「払い済」にした後、たとえば数年後に解約すると３００万円プラスアルフ

図表32　払済保険への変更

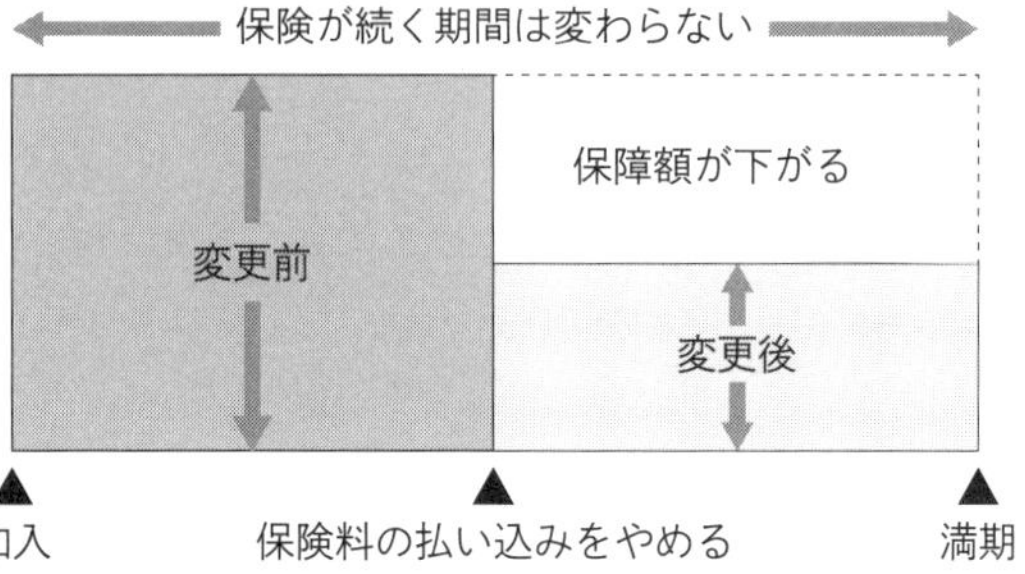

出所：筆者作成

アのお金が払い戻しされます。

保険の種類などによってできる場合とできない場合がありますが、終身保険や養老保険など、積立部分がある保険の保険料負担を下げたい場合、1つの選択肢になります。コールセンターなどに「払い済みにできますか？　その場合、保険金はいくらになりますか？　その後解約すると、どれくらいの払戻金があるのかも教えてください」と申し出て確認してみるといいでしょう。

Q　今入っている保険が気に入らなくて、他社で入り直すにも、年齢が上がっている分、保険料が高くなり、損なのではないでしょうか？

A　「入り直し」は得することもあります。ただし、「契約転換」には注意しましょう。

本書で、検討に値する保険に挙げている、一定期間の死亡保障を持つための保険などは、入り直しの効果が期待できます。保険会社によって料金差が大きいですし、長寿化を反映して保険料も安くなっているからです。

たとえば、明治安田生命の保険金額３０００万円の「定期保険」に30歳男性が加入する場合、向こう10年間の保険料は７３８０円です。ところがアクサダイレクト生命では44歳男性が７３００円で同じ保障を持つことができます。

そんなわけで、ある程度の年齢までは、商品の選択やプランの設計の仕方で対応できると思います。

なお、大手生保などでは、「今の契約を下取りして新しい契約にしましょう」「特約などが充実した新しい保険に切り替えましょう」といった話法で「契約転換」が行われていますが、これも解約して入り直すのと同じことです。

その際、旧契約に貯まっている積立金などを新契約の頭金代わりに使うため、仮に新契約の「見かけの保険料」は旧契約と同程度でも、実質的には「自分の貯蓄を新契約につぎ込む」ことになります。

健康状態が許すのであれば、相対的に保険料が高い大手での契約は避けて、他社での入り直しを検討するほうが賢明でしょう。

Q 必要最小限の保険加入にすることができて、お金が浮いたとしてもゼロ金利時代です。運用ができなければまずいのではないでしょうか。

A 無理に運用しなくてもいい、と思います。

長年、保険相談の場でお客様と接していて痛感するのは、「金融商品の利用法に長けた人が多額のお金を貯めることに成功しているわけではない」ということです。

普通預金にお金を置きっぱなしでもお金の苦労はしたことがないし、今後もないだろうと思える人も少なくありません。

何が違うのかというと、無駄遣いをしないのです。さまざまな欲望を抑えているわけでもなさそうなので、虚栄心などと無縁のマイペースぶり、と言ってもいいかもしれません。そんな人が高収入である場合などは、ほぼ無敵という感があります。自然とお金が残るのです。

したがって、貯蓄残高には、金融商品の選択などより生活習慣や価値観の違いが大きく影響する、というのが私の経験則です。「稼ぐ割に使わなければお金は残る」という、身もふたもない話です。保険での資産形成や、投資をすすめたい金融機関の人が触れたくない事実かと思われるので付記しておきます。

たとえば、毎月２万円積立し、３％複利で30年運用できれば１１６８万円になります。５％では１６７１万円です。ゼロ金利では７２０万円なので、金融機関主催の投資セミナーなどに行くと、しっかり運用するかしないかで４５０万円から９００万円近い差がつく、と言われがちです。

保険でも投資信託などで運用する「変額保険」での資産形成をすすめるセミナーに行くと、前ふりとして同じような説明がなされることが珍しくありません。７％で運用できたら２４５４万円にも達すると、より大きな数字を見せられることもあるくらいです。

しかし、ゼロ金利のタンス預金であっても、毎月５万円を積み立てると30年後には１８００万円で、３％の想定例には圧勝、５％でも勝てます。積立額が毎月10万円ともなると、20年と６カ月で２４６０万円に達し、30年間７％という想定例も上回るのです。

数千万円単位のお金を動かす場合、金融商品が約束している利率の差が大きな影響を与えることもあるでしょう。しかし、個人が定額積み立てでお金を増やしていく場合、残高の多寡に最も影響するのは「積立額」なのかもしれません。

お金が残る人には「積み立てている」という感覚すらないのもポイントだと思います。実際に生活資金を引き出す口座とその他の口座を特に分けていない人もいます。その場合、文字どおり「お金が残る」と言うしかないでしょう。

使わないほどお金は残るという原則に照らすと、余計な保険に加入しないことには、十分意味があると思います。「浮いた保険料を貯金できなければダメだ」と言う人もいますが、本当に貯金できない人は、定期預金でも保険でも解約し、お金を引き出してしまいます。

そんなわけで、私は、たとえば運用にまったく興味を持てない人などが、無理をしてまでお金を運用する必要はないだろう、と考えています。

本章のまとめ

❶ 素人が「正しい入り方」をしているのは「自動車保険」だ

❷ 必要最小限の加入にとどめるには、保険販売から収入を得ていないアドバイザーに有料で相談しよう

❸ 貯蓄の多寡は、運用のノウハウより、生活習慣などの影響が大きいかもしれない

第9章

「検討に値する保険」は3本だけ？

「具体的な『おすすめ保険』を知りたい」

本章では読者の皆様のそんなご要望にお応えします。

ありとあらゆるリスクに備えるのは疑問なので、保険ならではの利点である「まとまっていないお金で、まとまったお金が用意できること」を第一に考え、数を絞っています。

驚かれるかもしれませんが、真に検討に値する保険は3種類くらいなのです。

おすすめは「お金がもらいにくい保険」

各種媒体の取材の際などに「ズバリ『おすすめの保険』を提示してもらいたい」と依頼されることがあります。

私は「そもそも保険に入る必要があるのか？」という問いかけが不可欠だと考えているので、この類の依頼は好きではありません。

それでも、近年はちょっとした楽しみを見つけています。「おすすめは、『お金がもらいにくい保険』です」と即答して、記者やライターの人たちの反応を見るのです。

大半の人が困惑気味の表情になります。驚く人もいます。しかし、冗談を言っているつもりはありません。「お金がもらいにくい保険」とはどんな保険だろうと考えると、次の3つの特徴が浮かびます。

1　老後に保障が切れる

70歳でも80歳でも構わないのですが、入院する確率・がんに罹る確率・要介護状態になる確率・死亡する確率が高くなる年齢に達すると、保障がなくなります。

たとえば「がん保険」であれば80歳以降の保障はない、「介護保険」であれば84歳までで保障が終わる、そんな保険です。

もちろん、相続対策に利用する保険などは、保障が一生涯続く必要があると考えますが、基本的には「誰もが身近に感じるリスク」には備えられない保険であることがポイントです。

だからこそ、手ごろな保険料で手厚い保障が持てる、という論法です。

2　「解約返戻金」がない

保険の長所は、若くて健康な人が加入できる「死亡保険」のように、１０００円くらいでも１０００万円の保障が持てることに尽きます。

それは、無事に過ごしている人たちのお金が、不測の事態に遭遇した人のために使われるからです。俗に「掛け捨て」と呼ばれる仕組みが有用なのです。

現状、「医療保険」や「がん保険」などにも「使わなかった保険料が戻ってくる」商品がありますが、消費者の判断を迷わせるばかりで、とてもおすすめできるものではありません。

したがって、満期時や解約時に払い戻しされるお金がない「掛け捨て」であることを、検討する保険の必要条件とします。

3　特約がない

特約の数が多いほど、保障対象が拡大され、お金がもらいやすくなります。それでは、暴利が疑われる仕組みを広く利用することになります。何より、特約がない保険、特約があっても少ない保険を歓迎する消費者が増えると、「わかりやすく、比べやすい保険」が増え、保険料の価格競争も進むと思います。

以上の3点をおさえると、「保険からお金がもらえる可能性」は確実に下がるはずです。だから良い（!）のです。

「お金がもらいにくい保険」を求める消費者も

一般の人たちの意識も一部では変わってきているのではないか、と感じます。私のところに保険相談にいらっしゃるのは、相談料を払ってもいいと考えている人たちなので、少数派ではあるかもしれません。それでも次のような質問を受けることがあるのです。

「入院や通院をしたら、それだけで月に10万円もらえる保険とか、おかしくないですか？　日帰り入院で翌日から職場に復帰できたら10万円もいらないかもしれない。通院できる人は通勤だってできるかもしれない。それより、たとえば、個人商店の人が１カ月以上入院した場合、１００日でも２００日でもお金が出る、そういうのが本当の保険じゃないですか？」

主に入院に備える「医療保険」などに関心があり「どの会社の保険が〝買い〟なのか」を知りたいという方が少なくないなか、珍しい意見です。

しかし、正しいと思うのです。短期入院のような発生頻度が高くても経済的負担が小さいと思われる事態ではなく、起こる確率は低くても困ったことになりそうなケースに備えたいと考えられているからです。まさに「お金がもらいにくい保険」が求められているのです。それは「家計の負担が軽い保険」でもあります。

以下、具体的に商品をご紹介していきます。

1　死亡保険

私は、子供が自立するまで、一定期間、世帯主の万が一に備える保険が最も優先順位が高いと考えています。「世帯主の収入が途切れても問題はない」と言い切れる遺族は少ないはずだからです。

何より、死亡率が低い期間に、死んだ時だけ保険金が支払われる保険は「お金がもらいにくい保険」の典型でしょう。一定期間を無事に過ごした場合、保険料は「掛け捨て」になりますが、それも利点です。「積立部分がないからこそ、安い料金で大きな保障が持てる。その点がありがたい」と評価すべきなのです。

世帯主が、一定期間の死亡保障を確保する保険では、保険金が、毎月、分割払いされる「収入保障保険」が利用しやすいと思います。保険金額を給料のように「月額」で設定できるからです。

「保障額（死亡保険金の額）」の決め方

保険金の額は「世帯主の死後、いくらお金が必要になるだろうか？」と考えるより「子供が自立するまで、月々いくらくらいあれば暮らしていけるか？」と考えるほうが、決めやすいはずです。

営業担当者や代理店、ファイナンシャルプランナーに依頼し、シミュレーションソフトなどを用いて「必要保障額」を算出してもらう必要もないと思います。

どのみち、金利の変化、転職の可能性、配偶者の就職等、さまざまな「変数」を取り込んだ試算は無理だからです。複数の保険会社や代理店で試算してもらうとわかりますが、同じ家庭であっても、シミュレーション結果は違ってきます。計算ソフトや設定が異なるからでしょう。正解はないのです。「現実には稼ぎの範囲でやりくりするのだ」と割り切ることです。

具体的に保険金の額を決める際は、まず「公的遺族年金」の額を把握します。図表33をご覧ください（年金アドバイザーの資格を持つ知人のFPに作成してもらいました）。

これまでの年収の平均が400万円の会社員で、夫婦と子供1人の家族の場合、会社員の夫が亡くなったら、子供が18歳になるまで、毎月12万円の遺族年金を受け取ることになります。そこで、「民間の保険から、月々あと20万円受け取れたらいい」などと考えるのです。

ふさわしい商品としては、

たばこを吸わない人で（血圧など）健康状態が良好な人は、

■ 女性会社員（厚生年金の被保険者） 月額（万円）

これまでの年収の平均	夫婦のみ（※4）	夫と子ども1人	夫と子ども2人	夫と子ども3人
300万円	−	11.1	13.0	13.6
400万円	−	12.0	13.9	14.5
500万円	−	12.9	14.8	15.4
600万円	−	13.8	15.7	16.3
700万円	−	14.7	16.6	17.2
800万円	−	15.1	17.0	17.6
900万円	−	15.1	17.0	17.6
1000万円	−	15.1	17.0	17.6

※4夫が55歳以上の場合に限り、60歳以降に対象となる。

■ 女性自営業者（国民年金の被保険者） 月額（万円）

これまでの年収の平均	夫婦のみ	夫と子ども1人	夫と子ども2人	夫と子ども3人
年収要件無し	−	8.4	10.3	10.9

※死亡一時金が該当する場合もある。

■ 母子家庭・父子家庭（厚生年金の被保険者） 月額（万円）

これまでの年収の平均	子ども1人	子ども2人	子ども3人
300万円	9.2	11.1	13.6
400万円	10.1	12.0	14.5
500万円	11.0	12.9	15.4
600万円	11.9	13.8	16.3
700万円	12.8	14.7	17.2
800万円	13.2	15.1	17.6
900万円	13.2	15.1	17.6
1000万円	13.2	15.1	17.6

■ 母子家庭・父子家庭（国民年金の被保険者） 月額（万円）

これまでの年収の平均	子ども1人	子ども2人	子ども3人
年収要件無し	6.5	8.4	10.3

※死亡一時金が該当する場合もある。

図表33

■ 2020年度
※年金額は2020年度の概算
※厚生年金の被保険者期間をすべて2003年4月以降として試算
※厚生年金の被保険者期間を25年（300月）未満として試算
※子どもは高校卒業（18歳の年度の3月末日）までの人数
※妻（女性）が亡くなった場合の遺族基礎年金は2014年4月から対象
※これまでの年収の平均が800万円以上のケースで、月給と賞与の組み合わせにより遺族（厚生）年金額は増える
※2020年9月から新設された標準報酬月額の等級（65万円）は試算に含めていない

■ 男性会社員（厚生年金の被保険者）　月額（万円）

これまでの年収の平均	夫婦のみ（※1）	夫婦のみ妻が40歳以上65歳まで	妻と子ども1人	妻と子ども2人	妻と子ども3人	末子が高校卒業後（※2）妻が65歳まで	妻65歳以降（※3）
300万円	2.7	7.6	11.1	13.0	13.6	7.6	2.7
400万円	3.6	8.5	12.0	13.9	14.5	8.5	3.6
500万円	4.5	9.4	12.9	14.8	15.4	9.4	4.5
600万円	5.4	10.3	13.8	15.7	16.3	10.3	5.4
700万円	6.3	11.2	14.7	16.6	17.2	11.2	6.3
800万円	6.7	11.6	15.1	17.0	17.6	11.6	6.7
900万円	6.7	11.6	15.1	17.0	17.6	11.6	6.7
1000万円	6.7	11.6	15.1	17.0	17.6	11.6	6.7

※1子どものいない30歳未満の妻の場合、遺族厚生年金の受け取れる期間は5年間に限られる。
※2妻が40歳以上で子どもが18歳の年度の3月末日を超え、その4月以降。
※3妻が受給する老齢厚生年金があれば調整される。

■ 男性自営業者（国民年金の被保険者）　月額（万円）

これまでの年収の平均	夫婦のみ	妻と子ども1人	妻と子ども2人	妻と子ども3人
年収要件無し	－	8.4	10.3	10.9

※寡婦年金または死亡一時金が該当する場合もある。

出所：日本年金機構ホームページを参照し算出

・ＦＷＤ富士生命「ＦＷＤ収入保障」

喫煙者の場合は、

・アクサダイレクト生命「収入保障2」

が、有力な選択肢になります。保険料が安いからです。アクサダイレクト生命の場合、ネットで保険料を試算できますから、そこで確認した情報をもとに、保険ショップなどに「同じ保障額でさらに安く加入できる保険があれば、検討したい」と申し出てもいいでしょう。

なお、保険料の払い込みが免除される特約や、ストレス性疾患入院や病気・けがによる就業不能状態に備える特約などは、付けないことをおすすめします。「死亡時以外にも保障範囲を広げるのは、損をしやすい仕組みの利用範囲を広げること」と認識するわけです。

一定期間の死亡保障を持つ保険としては「定期保険」もあります。「収入保障保険」との違いは、加入時の保障額（保険金額）が満期まで続くことです。

「収入保障保険」の保障額は「保険金（月額）×満期までの残りの月数」なので、加入後の経過年数とともに減っていきます。その点、たとえば２０００万円の「定期保険」は満期までずっと２０００万円の保障があるわけです。

私は、家族構成が固まっている人には「収入保障保険」を優先的に案内しています。遺族年金に上乗せの保障を持つ際、便利だと考えるからです。

たとえば、35歳男性の世帯主がいて、子供が０歳であれば、民間の保険で死亡保障を持つのは60歳まででいいでしょう。60歳まで月額18万円の保障を上乗せし、遺族年金と合わせて30万円を確保したい場合、アクサダイレクト生命の「収入保障２」では４４８８円で加入できます。

保障開始時の保険金総額は５４００万円で、毎年２１６万円ずつ減少し、最後の２年間は２年分４３２万円の保障があります。

一方、同じアクサダイレクト生命の「定期保険２」に60歳まで加入する場合、保障は２０００万円の場合でも、保険料は４５３０円です（図表34）。

遺族に必要な生活費は、保険加入後の経過年数とともに減っていきます。加入時に０歳の子供がいたとしても、20年後にはアルバイトもできる年齢になっています。子供が学校に通うようになったら、配偶者が職場復帰するケースもあるでしょう。

そんなわけで、より安い保険料で月々必要と思われる保障を確保できる「収入保障保険」のほうが使い勝手が良いのではないか、と考えています。

図表34　定期保険と収入保障保険

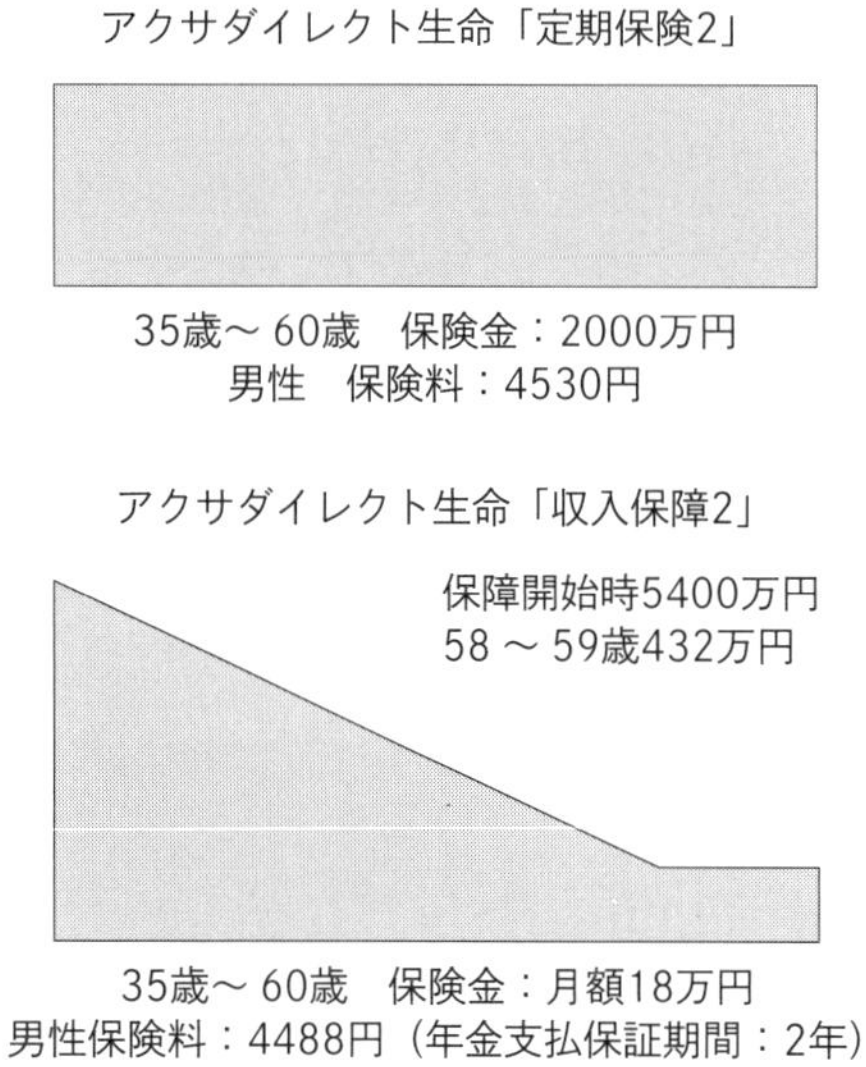

それから、会社員や公務員の方は、

・勤務先や共済組合の「団体定期保険」

も有力な選択肢になります。個人向けの保険より保険料が安いことが多いからです。

「団体保険」では、加入後、加齢とともに保険料が上がりますが、子供の成長に合わせ、数年単位ででも死亡保険金の額を減らしていくと、大幅な値上がりは避けられます。

転職するリスクなども考慮したうえで、チェックなさってください。

2　就業不能保険

近年、「病気や怪我で働けなくなった時の保険はどうしたらいいのでしょう？」とお客様から尋ねられることが増えました。

私は、会社員や公務員の場合、必須ではないだろうと考えています。健康保険に「傷病手当金」があるからです。大まかに言うと、欠勤４日目から最長１年６カ月、標準報酬日額の３分の２が給付されます。

傷病手当金の給付状況については、全国健康保険協会のホームページにある「現金給付受給者状況調査」の「概要」が参考になると思います。

まず、保険加入者総数に占める受給者の割合は、例年１％前後です。あくまで単年度の数字なので、「会社員が定年までに傷病手当金を受給する確率が１％前後」というわけではありません。それでも、１つの目安にはなるかと思います。

また、支給期間で最も多いのは30日以下で、１２０日以下の給付が過半数を占めています。

傷病手当金の支給が切れる可能性がある５４１日以上の支給は３％未満、受給者の割合が１％前後ですから、「１万人に３人未満」です。保険数理の専門家に、単年度の死亡保険金の給付率を確認すると「1000人に3〜4人」と言いますから、死亡保険金が役に立つ確率より一桁低いのです。

したがって、会社員の休業補償は、最長1年半の給付がある傷病手当金で対応できることが多いと判断していいのではないでしょうか。

この見解には「標準報酬日額の3分の2では足りない、子供の教育費や家賃などの負担は、仕事を休んでいても減らない」という反論もあるかと思います。その場合、月収の3分の1程度を民間の保険で補塡する方法があるでしょう。

ただし、民間の保険が給付される確率は、傷病手当金よりさらに低くなるはずです。60日間や180日間といった「給付を行わない期間」を設定してあることが多いですし、精神疾患を保障しない商品もあるからです。

会社員と違って「傷病手当金」がない「国民健康保険」に加入している人の場合、就業不能状態に備える保険の必要性は高くなるはずです。

とはいえ、自営業である私は未加入です。傷病手当金の支給期間の分布を知ると「1年くらい暮らしていけるお金を蓄えておくほうが、現実的な対策になる」と思えるからです。

それでも加入を検討する場合、会社員の方は、

・勤務先の「団体保険（長期所得補償保険）」

があれば、優先順位が高いと思います。個人向けに販売されている保険に比べ、格安の保険料になっていることがあるからです。

個人向け商品では、

・アクサダイレクト生命「働けないときの安心」

が、良いと思います。精神疾患でも18回を限度に給付があります。また、健康保険に「傷病手当金」がある会社員や公務員は、５４０日間、給付金の50％が削減される「ハーフタイプ」を選ぶ手もあります。より安い保険料で重大な事態に備えられるわけです。自営業者も、貯蓄の状況などによってはハーフタイプにすると良いでしょう。

３　がん保険

がん保険は別章で詳述したように、消費者の不安をあおることで不当に高い保険料が通用している商品だと感じます。したがって「極力、入らない」ほうが良いと思います。いつまでたっても商品が進化しなくなると思うからです。

しかし、「どうしても入る場合はこれかな?」と感じる商品もあります。

・株式会社 justInCase の「わりかん がん保険」

です。少額短期保険に属する商品です。1年更新で20~74歳まで加入できます。保障内容は、期間内にがんと診断された人に80万円が給付されます。

画期的な特徴が2つあります。まず、給付が発生した後、給付額を(がんと診断されていない)加入者で「割り勘」し、運営会社の経費が含まれる保険料を支払います。「料金後払い」なのです。

そのため、加入者は、保険が本来「助け合い」の仕組みであることを実感しやすいかもしれません。

保険料には年齢区分により、図表35のような「上限」があります。

死亡時には、死因ががんでなくても、年齢により5万~300万円の死亡保険金も支払われますが、こちらは主たる保障機能ではなく、表の年齢区分のなかでも、給付金を受け取る確率が低い年齢で死亡保障の額を高くし、バランスを取っているようです。

2つ目のポイントは「運営側が徴収する費用がわかる」ことです。たとえば、契約者が1万人いて、1人ががんに罹った場合、翌月、他の9999人の加入者が30%の管理料を含む115円を負担します。30%という割合は高く感じられるかもしれませんが、一時払い保険料1000万円の契約における3%の手数料と比べてみるといいでしょう。安価な契約では、費用のパーセンテージは高くても、個人が負担する「額」は低いのです。

この保険では、加入者が2万人以上になると、管理費の割合は25%に下がることも公表されています。私は、このような、既存の保険会社では見られない「お金の使い道に関する透明性」を高く評価しています。

80万円という給付額も、健康保険が適用される治療を前提とすると少なすぎるとは感じません。現役世代が、手ごろな掛け金で保障を持てる良い保険だと思います。

図表35 「わりかん　がん保険」

年齢	保険料の上限
20～39歳	500円
40～54歳	990円
55～74歳	3190円

出所：㈱justInCaseホームページより筆者作成

4 医療保険

保険会社が販売している「医療保険」は終身保障が主流で、合理性が感じられません。老後は「健康保険」が一番、という観点で判断すると、現役世代の負担が軽く良心的な運営がされている、

・都道府県民共済の「生命共済　入院保障型」

が良いと思います。「都道府県民共済は終身保障ではないからダメ、老後の保障が手薄」と指摘する向きもありますが、「終身保障ではないから良い」のです。

たとえば、「入院保障2型」に加入すると、18～60歳まで月々2000円で日額1万円その他の保障を持てます。毎年、決算時に剰余金の90％程度を「割戻金」として払い戻しているので、実質的な負担は1400円くらいです。

また、「新がん1型特約」を付加する使い方もあるかと思います。1000円で診断時に50万円、入院日額5000円の保障を上乗せできます。

すると、健康保険に傷病手当金がない自営業者にとっては、「就業不能保険」より休業時に役立つ可能性も考えられます。

協会健保の「傷病手当金」の給付状況を年齢階級別に見ると、若年層では精神および行動の障害が多く、中高年ではがんが増えているからです。

そのため、入院保障型に新がん特約をセットした場合、精神疾患の場合は入院給付金が、がんでは診断給付金が、傷病手当金代わりになるかもしれません。

いずれにしても、割戻金を考慮すると、実質的には２０００円強の掛け金で、それなりの備えができるのです。

なお、都道府県民共済では、「先進医療」の保障が１５０万円までとなっています。民間の医療保険やがん保険では２０００万円限度とする商品も少なくないので、「高額の実費がかかる治療に対応できない」と感じる人もいるかもしれません。

ただし、複数の医療関係者や保険会社の社医に確認したところ、先進医療は「効力を実証する例が不足している、まだ実験中の医療」です。「お金を払って人体実験を受けるのは嫌」「先進医療というネーミングが良くない。民間の保険を売るための道具のようになっている」と言う医師もいるのです。

実際、小児がんなどに有効であることがわかった放射線治療などは、数年前に先進医療から外れて、健康保険の対象になっています。したがって、先進医療に関する保障を重視した保険加入は疑問であることも付記しておきます。

5　介護保険

介護保険でも「要介護状態になりにくい年代」を対象にした保険が検討に値します。

・日本コープ共済生活協同組合連合会の「コープの介護保険」

がそうです。新規加入は79歳まで、89歳まで継続できます。80歳以降は加入できず、90歳以上は保障の対象にしないからこそ、低価格でそれなりに手厚い保障が提供されるのです。

所定の状態に該当する場合、一時金（100万～700万円）が支払われるというシンプルな内容も良いと思います。

支払要件は「疾病やけがなどで、公的介護保険制度における要介護2～5の認定を受けた場合」「引受保険会社である損保ジャパン所定の要介護状態となり、要介護状態に該当した日からその日を含め30日を超えて継続した場合」のいずれかに該当することです。

要介護1程度や30日以内の所定の要介護状態は保障しない点も評価すべきだと思います。1年更新で、保険料が5歳刻みで設定されていることも「5年ごとに値上がりする」と嫌ってはいけません。この商品に限らず「当面の保障を安く持てる」のが保険の良いところ、と受けとめ方を変えるべきです。

保険料は男女共通で、50～54歳の場合は500万円コースで450円、60～64歳でも1750円です。頻発しない事態に期間限定で備えると、これだけ安くなるという好例でしょう。

貯蓄はどうするか？

以上、現時点で検討に値する数少ない商品を挙げてみました。貯蓄商品は視野に入れる必要がないと思います。3章に詳述したように、高い手数料などが決定的なデメリットだからです。

そんななか、例外的に検討して良いかと思えるのは、

・明治安田生命「じぶんの積立」

です。

月々5000円から5年間、保険料を積み立て、さらに5年間据え置いて、解約すると払い戻し率103％が約束されています。

お金の増え方に魅力は感じませんが、いつ解約しても元本割れしないので、生命保険料控

除による税軽減目的での利用はありでしょう。

ただし、明治安田生命が多くの収益をあげられる商品とは思えないので、同社の他の保険への加入を強くすすめられるはずです。

明治安田生命に限らず、国内大手生保の商品は、相対的に高額で検討に値するものは見当たりません。したがって、10年くらい「顧客リスト」に掲載されるリスクは軽視できないと思います。

「投資は怖い」人はどうする？

各種の保険商品を貯蓄目的で検討する人には「投資は怖い」「リスクを取りたくない」人も少なくありません。

そんな人たちは、

- 個人向け国債（変動金利型10年満期）

を購入すると良いと思います。

実際、ある銀行の窓口で働いている人は「手数料が高い保険を販売しなければならないのが苦痛です。どう考えても『個人向け国債（変動金利型10年満期）』を買うほうがマシです」と言います。

リスクを嫌う人に案内される保険は、保険料を主に長期の債券で運用していますから、「保険会社に仲介手数料を払って債券投資するのと同じで無駄が多い」と認識しているのです。

「個人向け国債（変動金利型10年満期）」は、銀行や郵便局などで1万円から購入できます。購入から1年経過後は、いつでも換金できて元本割れもありません。最低保証利率は０・０５％で預金より高く、金利の上昇にもある程度ついていける特徴があります。

この利点については、ある保険会社の運用部門の人が「法人向けで同じ商品があれば買う」と話していました。

銀行や郵便局の窓口で「個人向け国債」より保険がすすめられることが多いのは、金融機関に入る販売手数料が一桁違うからでしょう。消費者は金融機関の都合に付き合う必要はないのです。

6 終身保険

貯蓄性が語られる保険で、例外的に使い道があるのは、相続対策に用いる場合の「終身保険」くらいです。終身保険では、

- ソニー生命の「バリアブルライフ」

が良いと思います。保険料が安いからです。

ただし、相続対策は保険に加入したら一件落着というものではありませんから、複数の専門家に相談料を払って相談することをおすすめします。税理士や会計士をはじめ、コンサルタントには得意分野と不得意分野があり、当たりハズレも大きいからです。

なお、「バリアブルライフ」は、運用にはまったく向きません。保険料を投資信託で運用するため、「投資の初心者に向いている」「インフレに強い」などと語るファイナンシャルプランナーなどもいますが、知識と良心を疑ってしまいます。手数料が高いため運用には明らかに不利です。インフレを懸念するのであれば、直接、投資信託などを利用するほうが賢明です。

結局、検討に値する保険は3種類だと思います。

1　自立していない子供がいる世帯主の急死に備える
2　病気やケガで、長期間、仕事に就けない時に備える
3　相続対策に利用する

保険です。

言い換えれば、子供がいる人、ローンを抱えている人、相続対策が必要な人でなければ「どうしても入るべき保険」はない、と考えます。

筆者は「終身型で持病があっても入れる」保険に3本加入!?

本章の最後に、私が加入している保険について触れておきます。実は「終身型」で「持病があっても入れる」保険に加入しています。

「健康保険」「(公的)介護保険」「(公的)年金保険」の3つです。

これらは、「民間のどんな保険より頼りになる」と認識しています。

健康保険と介護保険で、低所得者の負担が軽くなっている点など、（当然ながら）高額の給付には高額な保険料が必要となる民間の商品にはできないことだからです。また「年金保険」にはここまで本書で触れてきた「老齢年金」「遺族年金」に加え「障害年金」という保障機能もあります。

私には仕事ができない状態が長く続いても問題ないと言い切れるほどの貯蓄はありません。自営業なので、健康保険の保障も会社員ほどではありません。

それでも「昔から『お金をもらいやすい保険』に加入している」と考えているのです。保険業界では、何かあった時のことばかりが話題になりがちです。しかし、人生においては「何事もなく生きながらえる日々」を過ごす時間のほうが長く、そんな日々にもお金はかかるのです。

一般の人たちのなかには、民間の保険に何も入っていない場合、「無保険状態」であると思っている人もいますが、大きな誤解です。すでに「民間では提供できない保障が得られる保険」に入っているのです。保険料は、年間、数十万円になることもあるでしょう。「このうえ、営利企業が販売する『お金を失いやすい保険』に加入する必要があるのか？　極力控えるのが賢明だろう」と考えてみてほしいのです。

本章のまとめ

❶ 利用価値が高いのは、期間限定で死亡保障を持つ保険のように「お金がもらいにくい保険」だ

❷ 検討に値するのは、死亡・長期就業不能・相続に備える3種類くらいだ

❸ 子供がいない、60代の筆者は「健康保険、公的年金保険、公的介護保険」に加入していて、この先、民間の保険に入るつもりはない

終章

保険を良くする「たった1つの質問」

保険会社や担当者ばかりが悪いのか？

「おかしいな、人間が生命保険に合わせている」

1996年、開業時の東京海上日動あんしん生命（当時は『東京海上あんしん生命』）が日本経済新聞に出した全面広告のコピーです。「東京海上が生命保険を始める理由」という一行も大きな文字で掲載されています。

今でもそのまま通用するコピーだと感じます。残念ながら、消費者が保険会社の都合に合わせている状況は変わっていないからです。

最近、ある企業グループの損害保険会社から10年ぶりに生命保険会社に異動してきた人も「保険会社の都合で、仕組みがわかりづらい商品を高く売っている。10年たっても何も変わっていないことに驚く」と言います。

私も同感です。商品は多様化しているものの、お金の流れが不透明な商品を、主に販売員が対面で不安を喚起しながら販売するビジネスモデルは変わっていないからです。「なぜ、こんなにも変わらないのでしょうか」と尋ねられたので、「お客さんも変わっていないからでしょう」と返答しました。

実際、私が営業マンとしてお客様と接するようになった１９９５年当時と比べても、一般の人たちはほとんど変わっていないように感じます。

「保険はわかりづらい」「なんだかんだ言っても大手に入っておくほうが安心だと思う」「担当の人がコロコロ代わる」「もらえると思っていたお金（給付金）がもらえない。何年も保険料を払ってきたのに、保険に入っている意味がない」といった声は、四半世紀前からあったのです。

近年、増えたのは「銀行のおすすめだから信用していたのにだまされた」「保険ショップに行ったら、これまで以上に高い買い物になった」「『外貨建てだとお金が増える』と言われたのに元本割れしている」といった声くらいでしょうか。

こうした声を聞くたびに思うのです。「保険会社や担当者ばかりが悪いのか？」と。

- 「よくわからない」のにお金を払うことにしたのは誰なのか
- 定着しない「担当の人」に頼り続けているのは誰なのか
- 契約の履行に関して「……と思っていた」という主張が通用するのか
- 銀行が「自行が儲かる（顧客の持ち出しが大きくなる）契約」をすすめるのは当然ではないか

・アクセスしやすい場所にある保険ショップの資金繰りなどを考えたら「より大きな買い物」に誘導されやすいのではないか

といった視点が欠けていると感じるからです。そういう意味で、難解で保険料が高い商品の流通や、広告宣伝費・人件費などの経費がかさむ業態の維持に加担しているのは、ほかならぬ消費者だと思うのです。

雑誌やネット媒体で「お客様にもがっかりさせられることがある。願望まじりの選択をして、期待どおりの結果にならないと他人のせいにする。それはいかがなものか」といった私見を述べてもカットされやすいので、自著にはしっかり書いておきます。

では、どうしたらいいのでしょうか。意外に簡単です。先に列挙した消費者の声を反面教師にするのです。

「保険はわかりづらい」と感じているのであれば、「わからないから買わない」ことにします。

「素人にもわかる保険」となると、「子供が自立するまでの間、親の急死に備える保険」くらいしか残らないかもしれませんが、それで構わないでしょう。4章に書いたように、保険会社の人たちも「団体保険」で一定期間の死亡保障を持つくらいで、他の保険にはあまり入っていないのです。結果的に「最速で、ほぼ最善の選択」ができることになります。

定年まで団体保険だけ愛用してきた某大手生保の人は「団体保険が利用できない人は、都道府県民共済などを優先的に検討したらいい」と言います。やはり4章で言及したとおり、都道府県民共済は生保とは桁違いに少ない普及職員数で運営されています。つまり、大手生保の人も「素人にもわかる」保障が提供されている点などを重視しているのです。

明快な内容の保険のみを利用すると、担当者に頼る場面も少なくなります。保険金支払いのトラブルも減るでしょう。不要な契約をすすめられる機会も減り、保険料負担も軽くなるのです。いいことばかりです。

営業を終わらせる「たった１つの質問」

とはいえ、現実には「わかる契約」だけに絞り込む過程でも、保険会社の営業担当者や代理店と接点が生まれやすいでしょう。すると「わかりにくい契約」の継続や新規加入をすすめられる可能性大です。

そこで、一瞬にして「営業活動を終わらせる」質問をご紹介しておきます。尋ねるのは、たった１つ、「（代理店なども含む）会社側の取り分」です。

保険を利用する目的など、一切、関係ありません。保障のための医療保険やがん保険であっても、貯蓄のための終身保険であっても「会社側の取り分はどれくらいありますか？」と聞くのです。

情報が開示されていないので、返答できるとしたら、商品設計の専門家くらいでしょう。販売員は誰も答えられないのです。「販売手数料など『自分の取り分』はわかる。ほかに保険会社が使う経費や会社に残る利益はわからない」と答える人がいても、「では、怪しいのでやめておきます」と言えます。

もちろん、不測の事態は、手数料等の情報開示を待たずに起こります。だからこそ、会社側の取り分が不明な場合、手を出さないことにするのです。「安心のために」とあらゆるリスクに備えると、お金がいくらあっても足りないからです。

特に、貯蓄性が語られる商品の場合、「会社側の取り分」は最重要事項です。現行商品の場合、「わからない時点でダメ」ですし、仮にわかっても「手数料等の分、大幅なマイナスからスタートする貯蓄は不利に決まっている」と言えます。

このように、たった1つの質問で、ほとんどの商談を回避できるのです。手数料などを話題にすると「他の業界で会社側の取り分などが開示されていますか？　お客様に提示している保険料が諸々のサービスも含めた商品の対価です」と反論する保険会社の人もいます。

私は「他の業界がどうであれ、情報開示するほうが親切。各社、例外なく『顧客本位』を標榜し、『お客様に寄り添う』などと言いながら、親切にするのは嫌なのか？」と感じます。保険は「お試し」ができないからです。効用・サイズ・性能に相当する情報を数字等で確認できますが、試飲・試着・試乗などはできません。

不動産のように内覧会で実物を見て「自分や家族にふさわしいか？　価格相応の価値があるか？　近所に高層ビルが建ったら景観の魅力はゼロになるかもしれない、それでもいいのか？」などと自問することもできません。

また、保険では「レビュー」を集めることも困難です。

たとえば、仮の数字ですが「30社の医療保険に加入し、入院後、同時に給付金を請求したら、給付までの日数に、最大２週間の差があった。対応等をＡＢＣの３段階で評価すると、ＡとＣが10社、Ｂが20社。アフターフォローを売りにしている会社はＢだった」といった情報発信は考えられません。

「がん保険」の場合など、「がんに罹らなかったので、有事の際の対応など比べようがなかった」となることも想像できます。

極めて商品価値の評価が難しいのです。そんななか、「会社側の取り分」は、誤差が避けられない見込みの数字であっても、「単なる不安ビジネス」なのか、「助け合い」なのか、判断しやすい情報ではないでしょうか。

「安心のために」と案内されても、「安心料として妥当なのか？」という素朴な疑問は残るのです。この疑問に誰も答えられないとしたら、極力関わらないのが、常識ある大人の判断に違いありません。

したがって「他の業界でも、会社側の取り分などは企業秘密」といった返答は、「他の業界のことは尋ねていない、相手にするだけ時間の無駄」と受けとめていいはずです。

まとめると、「会社側の取り分に関心を持ち、自分で説明できないものは買わない」だけで、人が保険に合わせるような事態は避けられるのです。

「手ごわい消費者」の共通点

多くの保険が、心を揺さぶる体験談などを引用しながら販売されているのは、消費者に、一瞬でも立ち止まって、冷静に「保険会社に集まるお金の流れ」などを考えられると都合が悪いからだと思います。

そこで、大量広告等によって「今日明日にでも何かあったらどうするのか？　よくわからないけど、保険に入っておいたほうが安心だろう」という空気のようなものを醸成する努力がなされているのではないでしょうか。

なんとも迷惑な努力だと感じます。しかし、その類の努力が通用しない人たちもいます。私が過去25年間で「(販売側から見ると)手ごわい!」と感じた人たちに共通しているのは「相手はどうやって儲けるのか?」という視点を持っていることです。

たとえば、銀行の人が自宅まで訪ねてきて保険加入をすすめる場合、「わざわざ足を運んでくるということは、よほど銀行が儲かる話なのだろう」と考えます。お客様の来店を待って案内している商品より、銀行の取り分が大きな商品を提示されるに違いない、と予想するのです。

来店型保険ショップの評価にしてもそうです。「無料でいろんな保険会社の保険を紹介してもらえる」と歓迎するのではなく、「広告宣伝費や店舗の運転資金を回収するには、よりショップが儲かるプランに誘導するテクニックがあるはずだ」と推察するわけです。

貯蓄商品なら「仮に、金融機関が2%で運用できる環境では、顧客に1・5%くらいの利率を約束していて、0・5%分の運用益を抜こうとするのではないか」と考えます。

「何かお得な話はないのだろうか?　プロなら知っているかもしれない」「銀行の人が持ちかけてくるのだから、悪い話ではないのでは?」などと、自分中心の視点で「いい話」に期待してしまう人とは対照的です。

それこそ、大人の常識で、金融機関に対し警戒心を持っているのです。実際、私が知っている金融機関は甘くありません。消費者の願望などを容赦なく利用しお金を稼ぎ、心を痛めることもありません。

もし保険会社や銀行に良心があるとしたら、たとえば、保険料を投資信託で運用しながら、投資信託の10倍くらい手数料がかかる「変額保険」のような商品を「資産形成のために……」と販売することはできないはずです。

本章の冒頭に秀逸なコピーとして引用した東京海上日動あんしん生命にしても、「将来の資産形成にお役立ていただける」と、「変額保険」を販売しています。私には「お客様が保険に合わせる」のは愚行だと思えますが、同社のなかに「おかしいな」と声をあげる人はいないのでしょうか。

同社に限らず、経済合理性が認められない商品を、悪びれずに販売できる人たちの神経には「たくましいものだ」と感じることもあります。

さすがに「会社員だから仕方がない」という言葉を高学歴の若手社員から聞いた時は「会社を選ぶのも、会社のやり方を決めるのも人だろう」と違和感がありましたが、彼らなりの自己正当化に便利な言葉もあります。

「お客様のニーズ」です。たとえば、手数料が高い貯蓄商品についても「人生１００年時代、長期的な資産形成に関心を持つお客様のニーズに応え、運用目的の商品も販売している」と言えるからです。「自己責任」も「責任転嫁」の代わりに重宝されているかもしれません。

いずれにしても、営利企業が営利を追求するのは自然なことです。会社や家族のために働く利害関係者に「会社の取り分が多過ぎる」などと言っても、ほとんど無駄でしょう。どうしたって、消費者が手ごわくなるほかにないのだと思います。「お客様のニーズ」が「情報開示」の一点に変わると、商品も販売手法もサービスも変わらざるを得ないはずです。そのためには、たった1つの質問をするだけでいいのです。ぜひ、お試しいただきたいと思います。

あとがき

お金の話や損得勘定にはあまり興味がありません。仕事柄、年金制度や運用関連のオンラインセミナーを視聴しても、すぐに飽きてきて画面を切り替え、通販サイトを見たりしてしまいます。

理屈抜きに心が動かないのです。保険会社の新商品説明会に参加しても「本業だから我慢している」ところがあります。したがって、本書で行った「見込み給付額」と保険料を比較する計算などは、面倒で仕方がありません。

それでもやってみるのは、「お客様に寄り添いたい」といった発信をしている保険会社の人たちの「本気度」に興味があるからです。「どこまで本当なのだろう？」と想像すると飽きないのです。

保険に限ったことではありません。最も古い記憶では、物心ついた頃から父とテレビで見ていたプロレスがそうです。

昭和のプロレスは、子供の目にも「競技」ではなく「あらかじめ勝敗が決まっているショー」に映りました。それも、洗練されたエンターテインメントからはほど遠いショーです。だからと言って、つまらなかったわけではありません。時に観客無視と思える不穏な試合などもあり、「『八百長』の一言で括られるほど、単純なものではない」と、深読みする楽しみがあったのです。

近年ではオリンピックです。復興庁のサイトで「東京大会が、被災地に自信・希望・勇気を与え、復興の後押しとなることを切に願っています」といったメッセージを見るとやはり「本気度」が気になってしまいます。仮設住宅に住む被災者がいるなか、国立競技場や選手村が新築された事実があるからです。「競技場より被災地の住宅を建て替えるほうが復興の後押しになるに決まっている。近年の災害でブルーシートを張った家に住んでいる人もいる。メダルの数が増えても、住環境が改善されるわけではない。復興は大会関連事業で潤う人たちの建前に過ぎないのではないか?」と感じるのです。

保険も「安心」や「お客様のニーズ」が、営利企業の建前になりやすい分野だと感じます。有事の際に役に立つのは間違いないからです。

私自身、営業マン時代、各種給付金の支払手続きの際、お客様や親族の方から涙ながらに「保険に救われました」と感謝されたことが一度ならずあります。

ところが、本文で触れたように「お金を調達する手段」として見ると、ボッタクリと呼ばれそうな仕組みなのです。

私は「保険に助けられた個人の体験」から「保険会社に集まるお金の流れ」などに視点を移すと、保険の見え方が一変することを、損得勘定などより、断然、面白く感じます（ちなみに、一人で最も盛り上がったのは「儲」という字が「信者」に似ていると気づいた時です）。

なお、「保険会社側の取り分が多過ぎるのではないか」といった私見を書くと、「正義の味方のつもりですか？」などと反応してくる人もいますが、そういうつもりもありません。正義は立場によって変わりやすい、と考えているからです。

また、保険会社の取り分については「そんなに儲からないです」「経費も頑張って削っています」と言う保険会社の人たちがいることも付記しておきます。

私は「儲からなさ加減」や「頑張り」に関する具体的な情報を「企業秘密」にするのは怪しいように感じます。たとえば、各社とも社会貢献活動などについては、ホームページ等で実施状況をアピールしているからです。「『頑張っている』と言っても、公にできない程度なのではないか」と考えてしまうのです。

そのため、本書に書いたことは、著者の予見に適う情報等に偏っている可能性もあります。読者の皆様には、ぜひ、おおいに疑ってみてほしいと思います。

ともあれ、本書は、商品設計の専門家の方々をはじめ、保険業界関係者のお力添えなしに書くことはできませんでした。深く感謝いたします。

また、日経BP　日本経済新聞出版本部の野崎剛さんには、新版の企画提案から編集までお世話になりました。それから、原稿を書く時間を確保できているのは、妻と実家に帰っている姉のおかげであることも付記しておきます。

皆様、どうもありがとうございました。

２０２１年３月

後田　亨

【著者紹介】

後田 亨（うしろだ・とおる）

オフィス・バトン「保険相談室」代表
1959年生まれ。長崎大学経済学部卒業。1995年より大手生保と乗り合い代理店で、約15年、営業職を経験。販売員と顧客の利益相反を問題視し、2012年に独立。以降、執筆・講演・有料相談に従事する。
『いらない保険』（講談社＋α新書）ほか、著書、メディア掲載多数。

生命保険は「入るほど損」?!〈新版〉

2015年11月20日　1版1刷
2021年4月16日　2版1刷
2022年5月13日　　2刷

著　者　後田　亨

発行者　國分　正哉

発　行　株式会社日経BP
日本経済新聞出版

発　売　株式会社日経BPマーケティング
〒105-8308
東京都港区虎ノ門4-3-12

装　　丁　相京厚史（next door design）
本文DTP　マーリンクレイン
印刷・製本　三松堂
ISBN 978-4-532-35881-5　Printed in Japan